Contenido

CU01507316

RESUMEN
DE *LIBERTAD PARA TODOS*:

El libro Libertad para Todos, de Neville Goddard, profundiza en la idea de que la imaginación es la clave para manifestar la realidad. La tesis central de Goddard es que la conciencia es la única realidad y que el mundo que nos rodea no es más que un reflejo de nuestros estados mentales internos. Alterando nuestra conciencia -nuestras suposiciones y creencias- podemos cambiar nuestras circunstancias externas. Este principio hunde sus raíces en una interpretación mística de la Biblia, en la que Dios se equipara con el "YO SOY", o la conciencia del ser.

A lo largo del texto, Goddard explora diversas historias y conceptos bíblicos, interpretándolos como alegorías del poder creativo de la imaginación humana. Por ejemplo, explica que "YO SOY" es el nombre de Dios, y a través de esta conciencia, los individuos pueden producir los resultados deseados asumiendo la sensación de ser o tener ya lo que desean manifestar.

Goddard subraya la importancia del "sentimiento" como secreto de la creación. Explica que al sentir profundamente y creer en la realidad de nuestros deseos, alineamos nuestra conciencia interior con los resultados deseados, que finalmente se manifiestan en el mundo físico. Conceptos como la fe, el Sabbath y la ley de la creación se discuten como herramientas para manifestar conscientemente nuestros deseos.

LIBERTAD
PARA TODOS

El Poder De La Conciencia Para Transformar Tu Realidad

Colección Deluxe

Por
Neville Goddard
Imaginatio Divina Media

Publicado en 2024 por Imaginatio Divina Media.

Sitio web: www.imaginatiodivinamedia.com

LIBERTAD PARA TODOS .
Copyright © 2024 Imaginatio Divina Media. Todos los derechos reservados.

Ninguna parte de este libro puede ser utilizada, reproducida o transmitida en ninguna forma (electrónica, fotocopia, grabación u otra) sin el permiso previo por escrito del autor, excepto en el caso de citas breves utilizadas en artículos críticos y reseñas. No se asume ninguna responsabilidad por el uso de la información contenida en este libro. Aunque se ha hecho todo lo posible para garantizar la precisión, el autor y el editor no asumen ninguna responsabilidad por errores u omisiones. Además, no se asume ninguna responsabilidad por los daños resultantes del uso de la información proporcionada en este libro.

ISBN: 979-8-3304-7247-5

Libertad para todos presenta la idea de que, controlando y dirigiendo la imaginación y los sentimientos, las personas tienen el poder de crear su realidad. Subraya la relación directa entre las creencias internas y las manifestaciones externas, y sitúa la imaginación como una herramienta divina para la creación.

CONTEXTO MODERNO
DE *LIBERTAD PARA TODOS* :

Los principios esbozados por Neville Goddard en Libertad para todos pueden conectarse con temas contemporáneos como la neurociencia del pensamiento positivo, la atención plena y las leyes de la atracción, que se discuten ampliamente en las prácticas espirituales y psicológicas modernas.

1. La neurociencia del pensamiento positivo: La investigación moderna en neurociencia apoya la idea de Goddard de que los pensamientos moldean la realidad. Los estudios demuestran que los pensamientos positivos repetidos pueden recablear las vías neuronales a través de un proceso llamado neuroplasticidad. Esto concuerda con el concepto de Goddard de que la conciencia (lo que uno piensa y cree) determina la realidad externa. En el marco de Goddard, centrarse en resultados positivos y deseados puede conducir a un cambio en la realidad física de uno, un concepto que ahora se hace eco de cómo el pensamiento positivo remodela el cerebro para fomentar mejores estados emocionales y mentales.

2. Atención plena: Goddard subraya la importancia de ser consciente del propio estado interior -la conciencia del "YO SOY"- y esto tiene su paralelo en el movimiento moderno de la atención plena. La atención plena enseña a ser consciente del momento presente sin juzgar, lo que se relaciona directamente con la idea de

Goddard de que reconocer y controlar los sentimientos y pensamientos internos puede llevar a manifestar los resultados deseados. Ambas prácticas implican la observación consciente de pensamientos y sentimientos, lo que permite a los individuos elegir qué pensamientos cultivar y cuáles liberar, dando forma en última instancia a sus experiencias externas.

3. Ley de la atracción: Las ideas de Goddard sobre la manifestación tienen un fuerte eco en la moderna Ley de la Atracción, que sugiere que centrarse en los deseos positivos los convierte en realidad. Tanto Goddard como los defensores de la Ley de la Atracción destacan el poder de la visualización, las afirmaciones y la sensación de que el resultado deseado ya se ha conseguido. Las prácticas modernas animan a las personas a visualizar sus objetivos y sentir gratitud por su manifestación antes de que se produzcan físicamente, reflejando el principio de Goddard de que asumir la sensación de que el deseo se ha cumplido es la clave para traerlo a la existencia.

Al conectar las ideas de Goddard con estos campos contemporáneos, sus enseñanzas se hacen más accesibles a los lectores modernos que buscan una base científica o práctica para sus prácticas espirituales o de manifestación. Estas conexiones tienden un puente entre las ideas místicas y los conocimientos científicos y psicológicos actuales.

LIBERTAD PARA TODOS

Por Neville Goddard
(1942)

PRÓLOGO

La opinión pública no soportará mucho tiempo una teoría que no funciona en la práctica. Hoy, probablemente más que nunca, el hombre exige pruebas de la verdad incluso de su ideal más elevado. Para obtener la máxima satisfacción, el hombre debe encontrar un principio que sea para él una forma de vida, un principio que pueda experimentar como verdadero.

Creo haber descubierto ese principio en la más grande de todas las escrituras sagradas, la Biblia. Extraído de mi propia iluminación mística, este libro revela la verdad oculta en los relatos del Antiguo y del Nuevo Testamento.

En pocas palabras, el libro afirma que la conciencia es la única realidad, que la conciencia es la causa y la manifestación es el efecto. Llama la atención del lector sobre este hecho constantemente, para que el lector pueda mantener siempre lo primero ante todo. Una vez sentadas las bases de que un cambio de conciencia es esencial para que se produzca cualquier cambio de expresión, este libro explica al lector una docena de maneras diferentes de provocar dicho cambio de conciencia.

Se trata de un principio realista y constructivo que funciona. La revelación que contiene, si se aplica, te hará libre.

CAPÍTULO UNO

LA UNIDAD DE DIOS

**"Escucha, Israel:
El Señor nuestro Dios, el Señor uno es."**

Escucha, Israel:
Escucha, hombre hecho de la misma sustancia de Dios:
¡Tú y Dios sois uno e indivisible!
El hombre, el mundo y todo lo que hay en él son estados condicionados del incondicionado, Dios.
Tú eres éste; tú eres Dios condicionado como hombre.
Todo lo que crees que Dios es, tú lo eres; pero nunca sabrás que esto es verdad hasta que dejes de afirmarlo de otro, y reconozcas que este aparente otro eres tú mismo.
Dios y el hombre, el espíritu y la materia, lo informe y lo formado, el creador y la creación, la causa y el efecto, tu Padre y tú sois uno.
Este uno, en quien todos los estados condicionados viven y se mueven y tienen su ser, es tu YO SOY,
Tu conciencia incondicionada.

La conciencia incondicionada es Dios, la única realidad. Por conciencia incondicionada se entiende un sentido de conciencia; un sentido de saber que YO SOY aparte de saber quién SOY; la conciencia de ser, divorciada de aquello de lo que soy consciente de ser. SOY consciente de ser hombre, pero no necesito ser hombre para ser consciente de ser. Antes de ser consciente de ser alguien, yo, la conciencia incondicionada, era consciente de ser, y esta conciencia no depende de ser alguien. YO SOY auto-existente, conciencia incondicionada; me hice consciente de ser alguien; y me haré consciente de ser alguien distinto de esto que ahora soy consciente de ser; pero YO SOY el poder de la imaginación eternamente consciente de ser tanto si soy incondicionado sin forma como si soy forma condicionada.

Como estado condicionado, yo (el hombre) podría olvidar quién soy, o dónde estoy, pero no puedo olvidar que SOY. Este saber que YO SOY, esta conciencia de ser, es la única realidad. Esta conciencia incondicionada, el YO SOY, es esa realidad conocedora en la que todos los estados condicionados -concepciones de mí mismo- comienzan y terminan, pero que permanece siempre como el ser conocedor desconocido cuando todo lo conocido deja de ser. Todo lo que alguna vez he creído que soy, todo lo que ahora creo que soy y todo lo que alguna vez creeré que soy, no son más que intentos de conocerme a mí mismo: la realidad desconocida e indefinida. Este conocer desconocido, o conciencia incondicionada, es mi verdadero ser, la única realidad. YO SOY la realidad incondicionada condicionada como aquello que creo ser. YO SOY el creyente limitado por mis creencias, el conocedor definido por lo conocido. El mundo es mi conciencia condicionada objetivada. Lo que siento y creo que es verdad de mí mismo se proyecta ahora en el espacio como mi mundo. El mundo -mi yo reflejado-

siempre es testigo del estado de conciencia en el que vivo.

No hay casualidad ni accidente responsable de las cosas que me suceden ni del entorno en el que me encuentro. Tampoco es el destino predestinado el autor de mis fortunas o desgracias. Inocencia y culpa son meras palabras sin significado para la ley de la conciencia, excepto en la medida en que reflejan el estado de la conciencia misma.

La conciencia de culpa produce condena. La conciencia de carencia produce pobreza. El hombre siempre objetiva el estado de conciencia en el que habita, pero de alguna manera u otra se ha confundido en la interpretación de la ley de causa y efecto. Ha olvidado que el estado interior es la causa de la manifestación exterior: "Como es adentro es afuera", y en su olvido cree que un Dios exterior tiene su propia razón peculiar para hacer las cosas, razones que están más allá de la comprensión del simple hombre; o cree que la gente está sufriendo a causa de errores pasados que han sido olvidados por la mente consciente; o, de nuevo, que la ciega casualidad desempeña el papel de Dios.

Un día el hombre se dará cuenta de que su propio Yo es el Dios que ha estado buscando a través de los siglos, y que su propio sentido de conciencia -su conciencia de ser- es la única realidad.

Lo más difícil de comprender para el hombre es esto: Que el "Yo Soy" que hay en él es Dios. Es su verdadero ser o estado paterno, el único estado del que puede estar seguro. El hijo, su concepción de sí mismo, es una ilusión. Siempre sabe que lo es, pero eso que es, es una ilusión creada por él mismo (el padre) en un intento de autodefinición.

Este descubrimiento revela que todo lo que he creído que Dios es YO SOY.

"YO SOY la resurrección y la vida" es una afirmación de hecho concerniente a mi conciencia, porque mi conciencia resucita o hace visiblemente vivo lo que soy consciente de ser. "Yo soy la puerta ... todos los que vinieron antes que yo son ladrones y salteadores", me muestra que mi conciencia es la única entrada al mundo de la expresión; que asumiendo la conciencia de ser o poseer la cosa que deseo ser o poseer es la única manera por la cual puedo llegar a serlo o poseerlo; que cualquier intento de expresar este estado deseable de otra manera que no sea asumiendo la conciencia de ser o poseerlo, es ser despojado de la alegría de la expresión y la posesión. "YO SOY el principio y el fin", revela mi conciencia como la causa del nacimiento y la muerte de toda expresión. "YO SOY me ha enviado", revela mi conciencia como el Señor que me envía al mundo a imagen y semejanza de lo que soy consciente de ser para vivir en un mundo compuesto de todo aquello de lo que soy consciente. "YO SOY el Señor, y no hay Dios fuera de mí", declara que mi conciencia es el único Señor y que fuera de mi conciencia no hay Dios. "Estad quietos y sabed que YO SOY Dios", significa que debo aquietar la mente y saber que la conciencia es Dios. "No tomarás el nombre del Señor tu Dios en vano". "YO SOY el Señor: ese es mi nombre". Ahora que has descubierto que tu YO SOY, tu consciencia, es Dios, no pretendas que sea verdad nada de ti mismo que no pretenderías que fuera verdad de Dios, porque al definirte a ti mismo estás definiendo a Dios. Lo que eres consciente de ser es lo que has llamado Dios. Dios y el hombre son uno. Tú y tu Padre sois uno. Tu conciencia incondicionada, o YO SOY, y aquello que eres consciente de ser, son uno. El concebidor y la concepción son uno. Si tu concepción de ti mismo es menor que la que afirmas como verdadera de Dios, has robado a Dios, el Padre, porque tú (el hijo o concepción) das testimonio del Padre o concebidor. No tomes el nombre mágico de Dios, YO SOY, en vano porque no serás considerado inocente; debes expresar todo lo que afirmas ser. Nombra a Dios definiéndote conscientemente como tu ideal más elevado.

PREGUNTAS Y RESPUESTAS DE REFLEXIÓN

1. ¿Qué significa la afirmación "Tú y Dios sois uno e indiviso" en el contexto de este capítulo?

- **Respuesta:** Esta afirmación enfatiza la idea de que no existe separación entre Dios y el hombre. El hombre es una forma condicionada de la realidad incondicionada, que es Dios. En otras palabras, nuestra conciencia individual (nuestra sensación de ser) es una expresión de la conciencia divina. El capítulo enseña que reconocer esta unidad es clave para comprender nuestra verdadera naturaleza y potencial.

-

2. ¿Cómo define el capítulo la "conciencia incondicionada"?

- **Respuesta:** La conciencia incondicionada se describe como una sensación de ser o de estar consciente de que existe independientemente de cualquier identidad o forma específica. Es el "YO SOY" antes de que tomemos conciencia de ser alguien o algo. Este estado incondicionado es Dios, la única realidad, que precede a todas las formas o identidades que adoptamos en la vida.

-

3. Según el capítulo, ¿cómo crea el hombre su realidad?

- **Respuesta:** El capítulo explica que el hombre crea su realidad a través de su conciencia. Lo que cree que es verdad de sí mismo se proyecta hacia el exterior y se convierte en su mundo. El estado de conciencia en el que reside el hombre determina las condiciones de su vida. Por lo tanto, nuestras experiencias externas son reflejos de nuestras creencias internas.

-

4. ¿Cuál es la relación entre el "YO SOY" y el mundo exterior, tal como se describe en este capítulo?

- **Respuesta:** El "YO SOY" es la causa raíz del mundo exterior. El capítulo enseña que nuestra conciencia (lo que identificamos y creemos acerca de nosotros mismos) se manifiesta como nuestra realidad externa. El mundo exterior es simplemente un reflejo de nuestro estado interior, lo que significa que los cambios en la conciencia conducen a cambios en el mundo que experimentamos.

-

5. ¿Qué significa tomar el nombre del Señor (YO SOY) "en vano", según este texto?

- **Respuesta:** Tomar el nombre del Señor en vano significa hacer un mal uso o malinterpretar el poder de la conciencia ("YO SOY"). Cuando afirmamos algo sobre nosotros mismos que es limitado o negativo, estamos haciendo un mal uso de este poder divino. El capítulo nos insta a alinear nuestra autoconcepción con el ideal más elevado de lo que creemos que es verdad acerca de Dios, ya que hacer lo contrario es disminuirnos a nosotros mismos y a lo divino.

-

6. ¿Por qué se considera "YO SOY" el "principio y el fin" en este capítulo?

- **Respuesta:** "YO SOY" es considerado el principio y el fin porque es a la vez la causa y la fuente de todas las manifestaciones. Todo lo que existe comienza con un estado de conciencia (YO SOY), y todo vuelve a este estado después de haberse expresado. De esta manera, el capítulo enseña que nuestra conciencia es el origen de toda creación y experiencia.

-

7. ¿Cómo sugiere el capítulo que debemos utilizar nuestra conciencia "YO SOY"?

- **Respuesta:** El capítulo sugiere que utilicemos nuestra conciencia "YO SOY" para definirnos en los términos más elevados posibles. Nos anima a reconocer que todo lo que afirmamos sobre nosotros mismos es un reflejo directo de Dios. Por lo tanto, debemos asumir conscientemente estados de ser que se alineen con nuestros ideales y deseos más elevados, entendiendo que así es como los manifestamos en nuestra vida.

-

8. ¿Qué papel juega la creencia en la configuración de nuestra experiencia, según este capítulo?

- **Respuesta:** La creencia es fundamental para moldear nuestra experiencia. El capítulo sostiene que estamos limitados únicamente por nuestras creencias y que estas creencias definen las condiciones de nuestra vida. Al cambiar nuestras creencias, especialmente las creencias sobre nosotros mismos, podemos alterar nuestra realidad. Nuestras creencias son el vehículo a través del cual el "YO SOY" incondicionado se convierte en una experiencia condicionada en el mundo.

-

9. ¿Qué revela el capítulo sobre la naturaleza de la culpa, la carencia y otros estados negativos?

- **Respuesta:** La culpa, la carencia y otros estados negativos se consideran manifestaciones de estados específicos de conciencia. Estas condiciones negativas no son impuestas por una fuerza externa, sino que son el resultado de creencias internas. El capítulo destaca que la conciencia es la única causa y que, al cambiar nuestro estado interior, podemos trascender estas experiencias negativas.

-

10. ¿Cómo puede el hombre comprender que su "YO SOY " es Dios, y por qué es importante esta comprensión?

- Respuesta: El hombre puede darse cuenta de que su "YO SOY " es Dios al reconocer que su conciencia -su percepción de ser- es la única realidad. Esta comprensión es importante porque conduce a la comprensión de que el hombre no es una entidad separada que busca a Dios, sino más bien una expresión de Dios. Este reconocimiento aporta el poder de crear conscientemente la propia vida en alineación con la voluntad divina, ya que el capítulo enseña que nuestra conciencia es responsable de todo lo que experimentamos.

CAPÍTULO DOS

EL NOMBRE DE DIOS

Nunca se repetirá lo suficiente que la conciencia es la única realidad, porque ésta es la verdad que libera al hombre. Este es el fundamento sobre el que descansa toda la estructura de la literatura bíblica. Los relatos de la Biblia son todos revelaciones místicas escritas en un simbolismo oriental que revela al intuitivo el secreto de la creación y la fórmula de la evasión. La Biblia es el intento del hombre de expresar con palabras la causa y el modo de la creación. El hombre descubrió que su conciencia era la causa o el creador de su mundo, así que procedió a contar la historia de la creación en una serie de relatos simbólicos que hoy conocemos como la Biblia.

Para comprender este gran libro se necesita un poco de inteligencia y mucha intuición: inteligencia suficiente para leer el libro e intuición suficiente para interpretar y comprender lo que se lee. Tal vez te preguntes por qué la Biblia se escribió simbólicamente. ¿Por qué no se escribió en un estilo claro y sencillo para que todos los que la leyeran pudieran entenderla? A estas preguntas respondo que todos los hombres hablan simbólicamente a la parte del mundo que difiere de la suya. El lenguaje de Occidente es claro para nosotros los occidentales, pero es simbólico para los orientales; y viceversa. Un ejemplo de ello lo encontramos en la instrucción del oriental: "Si tu mano te ofende córtala".

Habla de la mano, no como la mano del cuerpo, sino como cualquier forma de expresión, y con ello te advierte que te apartes de aquella expresión de tu mundo que te resulte ofensiva. Al mismo tiempo, el hombre de Occidente engañaría involuntariamente al hombre de Oriente diciendo: "Este banco está en las rocas", pues la expresión "en las rocas" para el occidental equivale a quiebra, mientras que una roca para un oriental es símbolo de fe y seguridad. "Lo compararé a un hombre prudente, que edificó su casa sobre una roca; y descendió la lluvia, y vinieron las inundaciones, y soplaron los vientos y azotaron aquella casa; y no cayó, porque estaba fundada sobre una roca."

Para comprender realmente el mensaje de la Biblia hay que tener en cuenta que fue escrita por la mente oriental y, por tanto, no puede ser tomada al pie de la letra por los occidentales. Biológicamente, no hay diferencia entre Oriente y Occidente. El amor y el odio son los mismos; el hambre y la sed son los mismos; la ambición y el deseo son los mismos; pero la técnica de expresión es enormemente diferente.

Lo primero que debes descubrir si quieres desentrañar el secreto de la Biblia, es el significado del nombre simbólico del creador que todos conocemos como Jehová. Esta palabra "Jehová" se compone de las cuatro letras hebreas: JOD HE VAU HE. Todo el secreto de la creación está oculto en este nombre. La primera letra JOD representa el estado absoluto o la conciencia incondicionada; el sentido de la conciencia indefinida; ese todo inclusivo del que procede toda la creación o los estados condicionados de conciencia. En la terminología de hoy JOD es YO SOY, o conciencia incondicionada.

La segunda letra HE representa al Hijo Unigénito, un deseo, un estado imaginario. Simboliza una idea; un estado subjetivo definido o una imagen mental clarificada.

La tercera letra VAU simboliza el acto de unificar o unir el concebidor (JOD), la conciencia deseante con la concepción (HE), el estado deseado, de modo que el concebidor y la concepción se convierten en uno. Fijar un estado mental, definirte conscientemente como el estado deseado, grabar en ti mismo el hecho de que ahora eres aquello que imaginaste o concebiste como tu objetivo, es la función de la VAU. Clava o une la conciencia deseante a la cosa deseada. El proceso de cementación o unión se logra subjetivamente al sentir la realidad de aquello que aún no está objetivado.

La cuarta letra (HE) representa la objetivación de este acuerdo subjetivo. El JOD HE VAU hace del hombre o del mundo manifestado (HE), a imagen y semejanza de sí mismo, el estado consciente subjetivo. Así pues, la función de la HE final es dar testimonio objetivo del estado subjetivo JOD HE VAU. La conciencia condicionada se objetiva continuamente en la pantalla del espacio. El mundo es la imagen y semejanza del estado consciente subjetivo que lo creó. El mundo visible por sí mismo no puede hacer nada; sólo lleva el registro de su creador, el estado subjetivo. Es el hijo visible (HE) dando testimonio del Padre invisible, Hijo y Madre-JOD HE VAU-una Santa Trinidad que sólo puede ser vista cuando se hace visible como hombre o manifestación.

Tu conciencia incondicionada (JOD) es tu YO SOY, que visualiza o imagina un estado deseable (HE), y luego se hace consciente de ser el estado imaginado al sentir y creer ser el estado imaginado. La unión consciente entre tú que deseas y aquello que deseas ser, se hace posible a través del VAU, o tu capacidad de sentir y creer. Creer es simplemente vivir en el sentimiento de ser realmente el estado imaginado-asumiendo la conciencia de ser el estado deseado. El estado subjetivo simbolizado como JOD HE VAU se objetiva entonces como ÉL, completando así el misterio del nombre y la naturaleza del creador, JOD HE VAU ÉL (Jehová). JOD es ser consciente; HE es ser consciente de algo; VAU es ser consciente como, o ser consciente de ser aquello de lo que sólo eras consciente. El segundo HE es tu mundo visible objetivado que está hecho a imagen y semejanza del JOD HE VAU, o aquello de lo que eres consciente de ser.

"Y dijo Dios: Hagamos al hombre a nuestra imagen y semejanza". Hagamos, JOD HE VAU, la manifestación objetiva (HE) a nuestra imagen, la imagen del estado subjetivo. El mundo es la semejanza objetivada del estado consciente subjetivo en el que habita la conciencia. Esta comprensión de que la conciencia es la única realidad es el fundamento de la Biblia. Las historias de la Biblia son intentos de revelar en lenguaje simbólico este secreto de la creación, así como de mostrar al hombre la única fórmula de escape de todas sus propias creaciones. Este es el verdadero significado del nombre de Jehová, el nombre por el cual todas las cosas son hechas y sin el cual no hay nada hecho que sea hecho. Primero, eres consciente; luego te haces consciente de algo; después te haces consciente como aquello de lo que eras consciente; entonces contemplas objetivamente aquello que eres consciente de ser.

.

PREGUNTAS Y RESPUESTAS DE REFLEXIÓN

1. ¿Cuál es el significado de la idea de que "la conciencia es la única realidad"?

- **Respuesta:** El capítulo enfatiza que la conciencia es la fuente de toda creación y experiencia. Esto significa que todo lo que encontramos en el mundo es un reflejo de nuestra conciencia interior. Al reconocer la conciencia como la única realidad, comprendemos que nuestros pensamientos, creencias y conciencia moldean nuestro mundo externo.

-

2. ¿Por qué se dice que la Biblia está escrita en lenguaje simbólico y cómo afecta esto nuestra comprensión de su mensaje?

- **Respuesta:** La Biblia fue escrita en lenguaje simbólico porque fue creada por una mentalidad oriental, que utiliza metáforas y simbolismos para transmitir verdades más profundas sobre la creación y la conciencia. Esto significa que las historias no deben tomarse literalmente, sino interpretarse intuitivamente. Entender esto nos permite desentrañar los significados más profundos detrás de los textos bíblicos, en particular en lo que respecta a la naturaleza de Dios y la creación.

-

3. ¿Qué simboliza el nombre "Jehová" según el capítulo, y qué representa cada letra del nombre?

- **Respuesta:** El nombre "Jehová" (JOD HE VAU HE) simboliza el proceso de creación.
- JOD representa la conciencia incondicionada o la conciencia pura del "YO SOY".
-ÉL representa un deseo o un estado imaginado, la concepción subjetiva de lo que queremos ser.
- VAU simboliza la unificación de la conciencia (JOD) con el deseo (HE), donde creemos ser el estado imaginado.
- El ÉL final es el mundo objetivado, la manifestación visible del estado subjetivo de conciencia. Este proceso revela cómo la conciencia crea la realidad.

-

4. ¿Cuál es la relación entre el mundo "invisible" y el mundo "visible", tal como se explica en el capítulo?

- **Respuesta:** El mundo visible es la imagen objetivada del estado subjetivo, invisible de la conciencia. El capítulo explica que el mundo visible (HE) es el resultado del estado subjetivo (JOD HE VAU). El mundo no puede hacer nada por sí mismo; sólo refleja la conciencia interna que lo creó. La conciencia invisible (el Padre, el Hijo y la Madre) se hace visible a través de la manifestación.

-

5. ¿Cómo describe el capítulo el proceso creativo de pasar de la conciencia a la manifestación?

- Respuesta: El proceso creativo comienza con la conciencia del "YO SOY" (YO SOY) (JOD), seguida por la conciencia de algo específico (HE), como un deseo o una idea. A través de VAU, el individuo se une a este deseo creyendo y sintiendo que es verdad. Esta creencia hace que el deseo se convierta en parte de la identidad del individuo. Finalmente, el segundo HE es la manifestación visible del estado subjetivo, completando el proceso de creación.

-

6. ¿Qué quiere decir el capítulo cuando afirma que "creer es simplemente vivir en el sentimiento de ser realmente el estado imaginado"?

- Respuesta: Esto quiere decir que la clave para manifestar los deseos es asumir la conciencia de ya ser o poseer lo que se desea. No basta con pensar o desear algo, hay que sentir y creer profundamente que ya estamos viviendo en ese estado. Al hacerlo, alineamos nuestra conciencia con el resultado deseado, permitiendo que se manifieste en el mundo físico.

-

7. ¿Qué papel juega la intuición en la comprensión de la naturaleza simbólica de la Biblia?

- **Respuesta:** La intuición es fundamental para interpretar los mensajes simbólicos de la Biblia. Si bien la inteligencia nos permite leer y comprender las palabras, la intuición nos ayuda a ir más allá del significado literal para captar las verdades místicas más profundas sobre la creación y la conciencia. La intuición nos permite decodificar el simbolismo y aplicarlo a nuestra comprensión de la realidad.

-

8. ¿Cómo explica el capítulo la declaración: "Hagamos al hombre a nuestra imagen, conforme a nuestra semejanza"?

- **Respuesta:** El capítulo explica que esta afirmación se refiere al proceso mediante el cual el estado subjetivo de conciencia (JOD HE VAU) crea el mundo objetivo (HE). En este contexto, el "hombre" representa el mundo manifestado o la realidad, que está hecha a "imagen" del estado subjetivo de conciencia. Esto demuestra que nuestro mundo es un reflejo directo de los estados internos de conciencia.

-

9. ¿Cuál es la fórmula de "escape" mencionada en el capítulo, y cómo se relaciona con la creación?

- **Respuesta:** La fórmula de escape se refiere a la comprensión de que la conciencia es la única realidad y que al cambiar nuestro estado interno de conciencia, podemos cambiar nuestras circunstancias externas. Esta comprensión nos permite trascender las limitaciones de nuestra realidad actual al asumir un nuevo estado de ser. A través del uso consciente de la imaginación y la creencia, podemos escapar de condiciones indeseables y crear una nueva experiencia de vida.

-

10. ¿Cómo redefine este capítulo el concepto de Dios tal como se entiende tradicionalmente?

- **Respuesta:** El capítulo redefine a Dios no como un ser externo y separado, sino como nuestra propia conciencia: el "YO SOY". Sugiere que el proceso de creación atribuido a Dios en la Biblia es en realidad una descripción de cómo nuestra propia conciencia moldea la realidad. Al comprender el nombre de Dios (JOD HE VAU HE), reconocemos que somos participantes activos en la creación, que moldeamos constantemente nuestro mundo a través de nuestras creencias y estados de conciencia.

CAPÍTULO TRES

LA LEY DE LA CREACIÓN

Tomemos una de las historias de la Biblia y veamos cómo los profetas y escritores de antaño revelaron la historia de la creación mediante este extraño simbolismo oriental. Todos conocemos la historia de Noé y el Arca; que Noé fue elegido para crear un mundo nuevo después de que el mundo fuera destruido por el diluvio. La Biblia nos dice que Noé tuvo tres hijos: Sem, Cam y Jafet. El primer hijo se llama Sem, que significa nombre. Cam, el segundo hijo, significa caliente, vivo. El tercer hijo se llama Jafet, que significa extensión. Observaréis que Noé y sus tres hijos Sem, Cam y Jafet contienen la misma fórmula de creación que el nombre divino de JOD HE VAU HE. Noé, el Padre, el concebidor, el constructor de un nuevo mundo equivale al JOD, o conciencia incondicionada, YO SOY. Shem es tu deseo; aquello de lo que eres consciente; aquello que nombras y defines como tu objetivo, y equivale a la segunda letra del nombre divino (HE). Jamón es el estado cálido y vivo del sentimiento, que une o vincula la conciencia que desea y la cosa deseada, y equivale por tanto a la tercera letra del nombre divino, la VAU. El último hijo, Jafet, significa extensión, y es el estado extendido u objetivado que da testimonio del estado subjetivo y equivale a la última letra del nombre divino, EL.

Tú eres Noé, el conocedor, el creador. Lo primero que engendras es una idea, un impulso, un deseo, la palabra, o tu primer hijo Sem (nombre). Tu segundo hijo Cam (cálido, vivo) es el secreto del SENTIMIENTO por el que te unes a tu deseo subjetivamente para que tú, la conciencia deseante, seas consciente de ser o poseer la cosa deseada. Tu tercer hijo, Jafet, es la confirmación, la prueba visible de que conoces el secreto de la creación. Él es el estado extendido u objetivado que da testimonio del estado invisible o subjetivo en el que moras.

En la historia de Noé se registra que Cam vio los secretos de su Padre, y debido a su descubrimiento fue obligado a servir a sus hermanos, Sem y Jafet. Cam, o el sentimiento, es el secreto del Padre, tu YO SOY, porque es a través del sentimiento que la conciencia que desea se une a la cosa deseada. La unión consciente o matrimonio místico sólo es posible a través del sentimiento. Es el sentimiento el que realiza esta unión celestial de Padre e hijo, Noé y Sem, conciencia incondicionada y conciencia condicionada. Al realizar este servicio, el sentimiento sirve automáticamente a Jafet, el estado extendido o expresado, pues no puede haber expresión objetivada a menos que primero haya una impresión subjetiva. Sentir la presencia de la cosa deseada, actualizar subjetivamente un estado imprimiéndote, a través del sentimiento, un estado consciente definido, es el secreto de la creación. Tu mundo objetivado actual es Jafet que se hizo visible por Cam. Por lo tanto, Cam sirve a sus hermanos Sem y

Jafet, porque sin el sentimiento simbolizado por Cam, la idea o cosa deseada (Sem) no podría hacerse visible como Jafet.

La capacidad de sentir lo invisible, la capacidad de actualizar y hacer realidad un estado subjetivo definido a través del sentido del sentimiento es el secreto de la creación, el secreto por el cual la palabra o el deseo invisible se hace visible, se hace carne. "Y Dios llama a las cosas que no son como si fueran". La conciencia llama a las cosas que no se ven como si fueran, y lo hace primero definiéndose a sí misma como aquello que desea expresar, y segundo permaneciendo dentro del estado definido hasta que lo invisible se hace visible. He aquí el funcionamiento perfecto de la ley según la historia de Noé. En este mismo instante eres consciente de ser. Esta conciencia de ser, este saber que eres, es Noé, el creador.

Ahora con la identidad de Noé establecida como tu propia conciencia de ser, nombra algo que te gustaría poseer o expresar; define algún objetivo (Shem), y con tu deseo claramente definido, cierra los ojos y siente que lo tienes o lo estás expresando. No te preguntes cómo puede hacerse; simplemente siente que lo tienes. Asume la actitud mental que te correspondería si ya lo tuvieras, de modo que sientas que está hecho. Sentir es el secreto de la creación. Sé tan sabio como Cam y haz este descubrimiento para que tú también puedas tener la alegría de servir a tus hermanos Sem y Jafet; la alegría de hacer carne la palabra o el nombre.

PREGUNTAS Y RESPUESTAS DE REFLEXIÓN

1. ¿Cómo simboliza la historia de Noé y el Arca el proceso de creación, según este capítulo?

- **Respuesta:** La historia de Noé y el Arca simboliza el proceso creativo de la conciencia humana. Noé representa la conciencia incondicionada (el YO SOY), el creador. Sus tres hijos, Sem, Cam y Jafet, representan las etapas de la creación: Sem (nombre) es el deseo o la cosa que defines conscientemente, Cam (cálido, vivo) es el sentimiento que te une con tu deseo y Jafet (extensión) es la manifestación de tu deseo en el mundo físico. Esto refleja el proceso de creación a través de la conciencia: imaginar un deseo, sentir su realidad y verlo materializarse.

-

2. ¿Qué papel juega el "sentimiento" en el proceso creativo y por qué se lo compara con Cam, el hijo de Noé?

- **Respuesta:** El sentimiento es central en el proceso creativo, ya que vincula o une la conciencia (Noé) con el estado deseado (Shem). El capítulo explica que el sentimiento (Cam) es el secreto de la creación porque transforma un estado imaginado o deseado en realidad. Sin sentimiento, el deseo no puede manifestarse en el mundo externo (Jafet). Así como se dice que Cam sirve a sus hermanos, el sentimiento sirve al proceso de convertir el deseo en forma visible.

-

3. ¿Qué significa cuando el capítulo dice: "Sentir la presencia de la cosa deseada... es el secreto de la creación"?

- **Respuesta:** Esto significa que la clave para manifestar tus deseos es sentir que tu deseo ya está cumplido, incluso si aún no se ha manifestado físicamente. Cuando realmente puedes sentir que ya posees o expresas lo que deseas, alineas tu conciencia con esa realidad, lo que hace que se actualice en el mundo físico. Esta sensación es el puente entre el deseo invisible y su manifestación visible.

-

4. ¿Cómo se relaciona la analogía de los hijos de Noé —Sem, Cam y Jafet— con el nombre divino de JOD HE VAU HE?

- **Respuesta:** La analogía de los hijos de Noé es un reflejo del proceso creativo divino representado por JOD HE VAU HE. Noé, el Padre, es equivalente a JOD (YO SOY), Shem (nombre o deseo) es HE (el estado subjetivo o idea), Ham (sentimiento) es VAU (el acto de unir la conciencia con el deseo), y Jafet (extensión o manifestación) es el segundo HE (la expresión visible).

Juntos, forman un ciclo completo de creación: la conciencia de ser, el deseo, el sentimiento y la manifestación final.

-

5. ¿Qué es el "matrimonio místico" mencionado en el capítulo, y cómo se relaciona con la ley de la creación?

- **Respuesta:** El "matrimonio místico" se refiere a la unión entre la conciencia que desea (Noé) y la cosa deseada (Sem) a través del poder del sentimiento (Cam). Esta unión, posibilitada por el sentimiento, es lo que produce la manifestación (Jafet). La ley de la creación establece que todo lo que deseemos conscientemente debe sentirse como real antes de que pueda expresarse en el mundo físico. Este matrimonio entre el deseo y el sentimiento es el secreto para hacer realidad las ideas invisibles.

-

6. ¿Por qué es importante "permanecer dentro del estado definido" hasta que lo invisible se vuelva visible?

- **Respuesta:** Permanecer en el estado definido significa mantener constantemente la sensación de ser o tener lo que deseas, sin dudar ni cuestionar el proceso. Al permanecer en el estado de creencia, permites que la mente subconsciente trabaje para convertir el deseo en realidad física. La duda o la vacilación interrumpirán este proceso. El capítulo enseña que la paciencia y la persistencia para sentir la realidad de tu deseo son esenciales para el proceso creativo.

-

7. ¿Cuál sugiere el capítulo que es el error que la mayoría de las personas cometen cuando intentan manifestar sus deseos?

- Respuesta: El error que comete la mayoría de las personas es centrarse demasiado en "cómo" se cumplirán sus deseos. El capítulo enfatiza que el proceso de manifestación no requiere que averigüemos cómo sucederá algo. En cambio, solo somos responsables de sentir y creer que el estado deseado ya es real. El "cómo" no es asunto nuestro; es el resultado natural del proceso creativo una vez que unimos nuestra conciencia con el deseo a través del sentimiento.

-

8. ¿Cómo se pueden aplicar prácticamente las enseñanzas de este capítulo a la vida cotidiana?

- **Respuesta:** Se pueden aplicar las enseñanzas identificando primero un deseo (Shem) y luego cultivando conscientemente el sentimiento de poseer o experimentar ya ese deseo (Ham). Esta práctica implica cerrar los ojos, visualizar el resultado deseado y sentir como si ya fuera cierto. Al mantener este sentimiento de manera constante y sin dudar, alineas tu conciencia con el estado deseado, que finalmente se manifestará en tu vida como Jafet, la extensión física del estado interior.

-

9. ¿Cuál es el significado de la declaración: "Dios llama las cosas que no son, como si fuesen"?

- **Respuesta:** Esta afirmación significa que el proceso creativo comienza en la conciencia, no en el mundo físico. Significa que debes creer y sentir como si tus deseos ya se hubieran cumplido, incluso antes de que se manifiesten físicamente. De esta manera, estás llamando a la existencia cosas que aún no aparecen en el mundo visible. Al actuar "como si" ya fueran ciertas, pones en marcha el proceso por el cual se vuelven realidad.

-

10. ¿Qué lección se puede aprender del papel de Cam en la historia, y cómo afecta el resultado de la creación?

- **Respuesta:** El papel de Cam nos enseña la importancia vital del sentimiento en la creación. Sin Cam (sentimiento), el deseo (Shem) no puede hacerse realidad en el mundo físico (Jafet). Esto pone de relieve que el conocimiento intelectual de lo que se desea no es suficiente; hay que involucrarse emocionalmente y sentir que ya se está en posesión del estado deseado. Esta implicación emocional es lo que convierte una idea en una realidad viviente.

CAPÍTULO CUATRO

EL SECRETO DE SENTIR

El secreto del sentimiento o la llamada de lo invisible a los estados visibles está bellamente relatado en la historia de Isaac bendiciendo a su segundo hijo Jacob en la creencia, basada únicamente en el sentimiento, de que estaba bendiciendo a su primer hijo Esaú. Se cuenta que Isaac, que era viejo y ciego, sintió que estaba a punto de dejar este mundo y deseando bendecir a su primer hijo Esaú antes de morir, envió a Esaú a cazar sabroso venado con la promesa de que a su regreso de la cacería recibiría la bendición de su padre.

Ahora bien, Jacob, que deseaba la primogenitura o derecho a nacer por la bendición de su padre, oyó por casualidad la petición de venado de su padre ciego y su promesa a Esaú. Así que, mientras Esaú iba a cazar el venado, Jacob mató y faenó un cabrito del rebaño de su padre. Colocando las pieles sobre su terso cuerpo para darle el tacto de su peludo y áspero hermano Esaú, llevó el cabrito sabrosamente preparado a su ciego padre Isaac. E Isaac, que dependía únicamente de su sentido del tacto, confundió a su segundo hijo Jacob con su primer hijo Esaú, ¡y pronunció su bendición sobre Jacob! Esaú, al regresar de la cacería, se enteró de que su hermano Jacob, de piel lisa, lo había suplantado, por lo que apeló a su padre en busca de justicia; pero Isaac respondió y dijo: "Tu hermano vino con astucia y te ha quitado tu bendición. Yo le he hecho tu Señor, y a todos sus hermanos le he dado por siervos".

La simple decencia humana debería decirle al hombre que esta historia no puede tomarse literalmente. Debe haber un mensaje para el hombre oculto en algún lugar de este acto traicionero y despreciable de Jacob. El mensaje oculto, la fórmula del éxito enterrada en esta historia fue intuitivamente revelada al escritor de esta manera. Isaac, el padre ciego, es tu conciencia; tu conciencia de ser. Esaú, el hijo peludo, es tu mundo presente objetivado: lo áspero o sensiblemente sentido; el momento presente; el entorno presente; tu concepción presente de ti mismo; en resumen, el mundo que conoces en razón de tus sentidos objetivos. Jacob, el muchacho de piel suave, el segundo hijo, es tu deseo o estado subjetivo; una idea aún no encarnada; un estado subjetivo que se percibe y se siente pero que no se conoce ni se ve objetivamente; un punto en el tiempo y en el espacio alejado del presente. En resumen, Jacob es su objetivo definido. El Jacob de piel suave -o estado subjetivo que busca la encarnación o el derecho de nacimiento- cuando es debidamente sentido o bendecido por su padre (cuando es conscientemente sentido y fijado como real), se objetiviza; y al hacerlo suplanta al Esaú áspero y velludo, o al anterior estado objetivado. Dos cosas no pueden ocupar un mismo lugar al mismo tiempo, y así, cuando lo invisible se hace visible, el anterior estado visible desaparece.

Tu conciencia es la causa de tu mundo. El estado consciente en el que habitas determina el tipo de mundo en el que vives. Tu concepto actual de ti mismo está ahora objetivado como tu entorno, y este estado está simbolizado como Esaú, el peludo, o sensiblemente sentido; el primer hijo. Aquello que te gustaría ser o poseer está simbolizado como tu segundo hijo, Jacob, el muchacho de piel suave que aún no se ve, pero que es subjetivamente sentido y palpado, y que, si es tocado adecuadamente, suplantará a su hermano Esaú, o tu mundo actual.

Ten siempre presente el hecho de que Isaac, el padre de estos dos hijos, o estados, es ciego. No ve a su hijo Jacob, de piel lisa; sólo lo siente. Y a través del sentido del sentimiento cree realmente que Jacob, lo subjetivo, es Esaú, lo real, lo objetivado. No ves tu deseo objetivamente; simplemente lo sientes subjetivamente. No buscas a tientas en el espacio un estado deseable. Como Isaac, te quedas quieto y mandas a tu primer hijo a cazar retirando tu atención de tu mundo objetivo. Luego, en ausencia de tu primer hijo, Esaú, invitas al estado deseable, tu segundo hijo, Jacob, a que se acerque para que puedas sentirlo. "Acércate, hijo mío, para que pueda sentirte". Primero, eres consciente de él en tu entorno inmediato; luego lo acercas más y más y más hasta que lo percibes y lo sientes en tu presencia inmediata, de modo que sea real y natural para ti.

"Si dos de vosotros se pusieren de acuerdo en la tierra sobre cualquier cosa que pidieren, les será hecho por mi Padre que está en los cielos". Los dos se ponen de acuerdo mediante el sentido del tacto; y el acuerdo se establece en la tierra, se objetiva, se hace real. Los dos que están de acuerdo son Isaac y Jacob-tú y lo que deseas; y el acuerdo se hace únicamente en el sentido del sentimiento. Esaú simboliza tu mundo actual objetivado, sea agradable o no. Jacob simboliza todos y cada uno de los deseos de tu corazón. Isaac simboliza tu verdadero yo -con los ojos cerrados al mundo presente- en el acto de sentir y sentirte ser o poseer aquello que deseas ser o poseer. El secreto de Isaac -este estado de sentir y sentir- es simplemente el acto de separar mentalmente lo sensiblemente sentido (tu estado físico actual) de lo insensiblemente sentido (lo que te gustaría ser). Con los sentidos objetivos bien cerrados, Isaac hizo, y tú puedes hacer, que lo insensiblemente sentido (el estado subjetivo) parezca real o sensiblemente conocido; porque la fe es conocimiento.

Conocer la ley de la autoexpresión, la ley por la que lo invisible se hace visible, no es suficiente. Hay que aplicarla; y éste es el método de aplicación.

Primero: Envía a tu primer hijo Esaú -tu actual mundo objetivado o problema- a la caza. Esto se consigue simplemente cerrando los ojos y apartando tu atención de las limitaciones objetivadas. Al apartar tus sentidos de tu mundo objetivado, éste se desvanece de tu conciencia o sale de caza.

Segundo: Con los ojos aún cerrados y tu atención apartada del mundo que te rodea, fija conscientemente el momento y el lugar naturales para la realización de tu deseo.

Con tus sentidos objetivos cerrados a tu entorno actual, puedes percibir y sentir la realidad de cualquier punto en el tiempo o en el espacio, ya que ambos son psicológicos y pueden crearse a voluntad. Es de vital importancia que la condición espacio-temporal natural de Jacob, es decir, el tiempo y el lugar naturales para la realización de tu deseo, se fijen primero en tu conciencia. Si el domingo es el día en que la cosa deseada debe ser realizada, entonces el domingo debe ser fijado en la conciencia ahora. Simplemente comience a sentir que es domingo hasta que la tranquilidad y la naturalidad del domingo se establezcan conscientemente. Usted tiene asociaciones definidas con los días, semanas, meses y estaciones del año. Usted ha dicho una y otra vez: "Hoy se siente como domingo, o lunes, o sábado; o esto se siente como primavera, o verano, u otoño, o invierno". Esto debería convencerte de que tienes impresiones definidas y conscientes que asocias con los días, las semanas y las estaciones del año. Entonces, debido a estas asociaciones, puedes seleccionar cualquier momento deseable y, volviendo a llamar a la impresión consciente asociada con ese momento, puedes hacer una realidad subjetiva de ese momento ahora.

Haga lo mismo con el espacio. Si la habitación en la que estás sentado no es la habitación en la que la cosa deseada estaría naturalmente colocada o realizada, siéntete sentado en la habitación o lugar donde sería natural. Fija conscientemente esta impresión espacio-temporal antes de comenzar el acto de percibir y sentir la cercanía, la realidad y la posesión de la cosa deseada. No importa si el lugar deseado está a diez mil millas de distancia o sólo al lado, debes fijar en la conciencia el hecho de que justo donde estás sentado es el lugar deseado. No hagas un viaje mental; colapsa el espacio. Siéntate tranquilamente donde estás y haz "thereness"-"hereness". Cierra los ojos y siente que el mismo lugar donde estás es el lugar deseado; siente y percibe la realidad de ello hasta que estés conscientemente impresionado con este hecho, porque tu conocimiento de este hecho se basa únicamente en tu percepción subjetiva.

Tercero: En ausencia de Esaú (el problema) y con el tiempo-espacio natural establecido, invitas a Jacob (la solución) a que venga y llene este espacio-que venga y suplante a su hermano. Visualiza en tu imaginación la cosa deseada. Si no puedes visualizarlo, percibe su contorno general; contémplalo. Luego, acércalo mentalmente. "Acércate, hijo mío, para que pueda sentirte". Siente su proximidad; siéntelo en tu presencia inmediata; siente su realidad y solidez; siéntelo y míralo colocado naturalmente en la habitación en la que estás sentado; siente la emoción del logro real y la alegría de la posesión.

Ahora abra los ojos. Esto te devuelve al mundo objetivo, el mundo áspero o sensiblemente sentido. Tu peludo hijo Esaú ha regresado de la caza y con su sola presencia te dice que has sido traicionado por tu hijo Jacob, de piel suave: el subjetivo, el sentido psicológicamente. Pero, como Isaac, cuya confianza se basaba en el conocimiento de esta ley inmutable, tú también dirás: "Le he hecho tu Señor, y a todos sus hermanos le he dado por siervos." Es decir, aunque tu problema parezca fijo y real, has sentido que el estado subjetivo, psicológico, es real hasta el punto de recibir la emoción de esa realidad; has experimentado el secreto de la creación porque has sentido la realidad de lo subjetivo.

Has fijado un estado psicológico definido que, a pesar de toda oposición o precedente, se objetivará, cumpliendo así el nombre de Jacob: el suplantador.
He aquí algunos ejemplos prácticos de este drama.

Primero: La bendición o hacer realidad una cosa. Siéntate en el salón de tu casa y nombra un mueble, una alfombra o una lámpara que te gustaría tener en esa habitación. Mira la zona de la habitación donde lo colocarías si lo tuvieras. Cierra los ojos y deja que todo lo que ahora ocupa esa zona de la habitación desaparezca. En su imaginación, vea esta zona como un espacio vacío, en el que no hay absolutamente nada. Ahora comience a llenar este espacio con el mueble deseado; sienta y perciba que lo tiene en esta misma zona. Imagine que está viendo lo que desea ver. Continúe en esta conciencia hasta que sienta la emoción de la posesión.

Segundo: La bendición o la realización de un lugar. Ahora estás sentado en tu apartamento de Nueva York, contemplando la alegría que sería tuya si estuvieras en un transatlántico navegando a través del gran Atlántico. "Voy a prepararte un lugar. Y si me voy y os preparo un lugar, vendré otra vez y os recibiré a mí mismo; para que donde yo esté, estéis también vosotros." Tus ojos están cerrados; te has liberado conscientemente del apartamento de Nueva York y en su lugar percibes y sientes que estás en un transatlántico. Estás sentado en una tumbona; no hay nada a tu alrededor excepto el vasto Atlántico. Fija la realidad de este barco y del océano de modo que en este estado puedas recordar mentalmente el día en que estabas sentado en tu apartamento de Nueva York soñando con este día en el mar. Recuerda la imagen mental de ti mismo sentado allí en Nueva York soñando con este día. En su imaginación vea la imagen de recuerdo de usted allí en su apartamento de Nueva York. Si consigues recordar tu apartamento de Nueva York sin volver allí conscientemente, habrás preparado con éxito la realidad de este viaje. Permanece en este estado consciente sintiendo la realidad del barco y del océano; siente la alegría de este logro y luego abre los ojos. Has ido y preparado el lugar; has fijado un estado psicológico definido y donde estés en conciencia allí estarás también en cuerpo.

Tercero: La bendición o realización de un punto en el tiempo. Dejas ir conscientemente este día, mes o año, según sea el caso, e imaginas que es ahora ese día, mes o año que deseas experimentar. Percibe y siente la realidad del momento deseado, grabándose en la mente el hecho de que ya se ha cumplido. A medida que percibes la naturalidad de este tiempo, comienzas a sentir la emoción de haber realizado plenamente aquello que antes de comenzar este viaje psicológico en el tiempo deseabas experimentar en este momento.

Con el conocimiento de tu poder para bendecir puedes abrir las puertas de cualquier prisión-la prisión de la enfermedad o la pobreza o de una existencia monótona. "El Espíritu del Señor Dios está sobre mí, porque me ha ungido el Señor para anunciar buenas nuevas a los mansos; me ha enviado a vendar a los quebrantados de corazón, a pregonar libertad a los cautivos y la apertura de la cárcel a los presos."

PREGUNTAS Y RESPUESTAS DE REFLEXIÓN

1. ¿Qué simboliza la historia de Isaac, Jacob y Esaú en el contexto de la creación a través del sentimiento?

- **Respuesta:** En esta historia, Isaac representa tu conciencia o percepción de ser. Esaú simboliza tu mundo actual, objetivado, o tu realidad presente, mientras que Jacob representa tus deseos o estados futuros, que aún no están objetivados. La historia ilustra que a través del sentimiento (Isaac, que es ciego, se apoya en su sentido del tacto), puedes confundir la realidad presente (Esaú) con el deseo futuro (Jacob), permitiendo que el estado deseado suplante al actual. Esto enseña que el sentimiento es la clave para manifestar los deseos.

-

2. ¿Cuál es el significado de la ceguera de Isaac en esta historia?

- **Respuesta:** La ceguera de Isaac simboliza la importancia de la conciencia interior sobre la percepción exterior. Como Isaac (tu conciencia) es ciego, no puede ver la realidad externa, sino que sólo puede sentirla. Esto significa que tu realidad actual (Esaú) puede ignorarse temporalmente si te vuelves hacia dentro y sientes el estado deseado (Jacob). A través de este enfoque interior en el sentimiento, el estado deseado puede hacerse realidad, aunque todavía no se vea en el mundo exterior.

-

3. ¿Cómo explica el capítulo el proceso de manifestación de un deseo a través del sentimiento?

- **Respuesta:** El capítulo explica que manifestar un deseo requiere que primero quites la atención de tu realidad actual (Esaú), lo cual se logra cerrando los ojos o enviando mentalmente a Esaú a "cazar". Luego, te concentras en tu estado deseado (Jacob), imaginando que es real y sintiendo su presencia. Al involucrar completamente tus sentidos y emociones en la experiencia de ya tener o ser lo que deseas, creas un estado de conciencia en el que el deseo debe manifestarse.

-

4. ¿Por qué es importante "enviar a Esaú a cazar" en el proceso de manifestación?

- **Respuesta:** "Enviar a Esaú a cazar" significa quitar tu atención de tu realidad o problema actual. Esto es importante porque mientras tu atención esté fijada en el presente, estás reforzando su realidad. Al distanciarte mentalmente de la situación actual, creas espacio para que tu estado deseado (Jacob) ocupe su lugar en tu conciencia, lo que le permite volverse real.

-

5. ¿Qué papel juega el sentimiento en la transformación de los deseos en realidad, según el capítulo?

- Respuesta: El sentimiento es el puente esencial entre el deseo y la realidad. El capítulo enseña que el acto de sentir (percibir la realidad del estado deseado como si ya fuera cierto) es lo que transforma un simple deseo en una realidad manifiesta. Al sentir la presencia de lo que deseas, alineas tu conciencia con ese estado, lo que le permite objetivarse en el mundo.

-

6. ¿Cómo se puede "colapsar el espacio" y "fijar el tiempo" como se describe en el capítulo?

- Respuesta: "Colapsar el espacio" y "fijar el tiempo" se refieren a colocarte mentalmente en la situación en la que tu deseo ya se ha cumplido, independientemente de la distancia física o el tiempo cronológico. Por ejemplo, si deseas estar de vacaciones en un lugar lejano, puedes imaginarte que ya estás allí, sintiendo el entorno, el tiempo y las sensaciones asociadas con ese lugar. Colapsas el concepto de distancia al traer la escena imaginada a tu experiencia presente. De manera similar, "fijar el tiempo" significa vivir mentalmente en el momento en el que tu deseo se cumple, incluso si ese momento está en el futuro. Al hacerlo, experimentas el estado deseado como una realidad presente.

-

7. ¿Qué quiere decir el capítulo cuando dice: "Dos de vosotros se pondrán de acuerdo en la tierra"?

- **Respuesta:** Esto se refiere al acuerdo entre tu conciencia (Isaac) y tu deseo (Jacob) a través de la sensación de sentir. Los "dos" son tu conciencia presente y el estado deseado. Cuando acuerdas mentalmente que el estado deseado es real a través de la sensación, el acuerdo se objetiva en tu mundo externo. Este es el proceso de manifestación a través de la unión de la conciencia y el deseo.

-

8. ¿Cómo puede alguien utilizar el proceso descrito en el capítulo para cambiar sus circunstancias actuales?

- **Respuesta:** Para cambiar las circunstancias actuales, el capítulo aconseja centrarse en un estado deseado imaginándolo como real y sintiendo su presencia. Primero, desvíe mentalmente la atención de la situación actual "enviando a Esaú a cazar". Luego, concéntrese en el estado deseado (Jacob), sintiéndolo como si ya fuera cierto. Al sumergirse en la sensación de tener ya lo que desea, alinea su conciencia con esta nueva realidad, que finalmente se manifestará en su mundo exterior.

-

9. ¿Cuál es el significado de "preparar un lugar" para tu deseo, como se menciona en el capítulo?

- **Respuesta:** "Preparar un lugar" significa crear mental y emocionalmente las condiciones en las que se cumplirá tu deseo. Esto implica imaginar el tiempo, el espacio y las circunstancias en las que el deseo existe naturalmente y luego sentirte como si ya estuvieras en ese lugar. Al preparar ese lugar en la conciencia, lo haces real antes de que se manifieste en el mundo físico.

-

10. ¿Qué pasos prácticos proporciona el capítulo para aplicar el "secreto del sentimiento"?

- **Respuesta:** El capítulo describe varios pasos prácticos para aplicar el secreto del sentimiento:
- Primero, cierra los ojos y retira mentalmente la atención de tu situación o problema actual (enviando a Esaú a cazar).

- En segundo lugar, establece conscientemente el tiempo y el lugar donde tu deseo se cumpliría (fijando tiempo y espacio).

- En tercer lugar, siente la presencia de tu deseo (Jacob) como real, imaginando su cercanía y sólida realidad.

- Finalmente, regresa al mundo exterior con la confianza de que tu sentimiento interno del deseo se manifestará en tu realidad física.

CAPÍTULO CINCO
EL SABBAT

"Seis días se trabajará, pero el séptimo día será para vosotros un día santo, un sábado de descanso para el Señor".

Estos seis días no son períodos de tiempo de veinticuatro horas. Simbolizan el momento psicológico en que se fija un estado subjetivo definido. Estos seis días de trabajo son experiencias subjetivas y, en consecuencia, no pueden medirse por el tiempo sideral, ya que el verdadero trabajo de fijar un estado psicológico definido se realiza en la conciencia. El tiempo empleado en definirte conscientemente como aquello que deseas ser es la medida de estos seis días. Un cambio de conciencia es el trabajo realizado en estos seis días creativos; un ajuste psicológico, que no se mide por el tiempo sideral, sino por el logro real (subjetivo). Al igual que una vida en retrospectiva no se mide por los años, sino por el contenido de esos años, así también se mide este intervalo psicológico, no por el tiempo empleado en hacer el ajuste, sino por el logro de ese intervalo.

El verdadero significado de los seis días de trabajo (creación) se revela en el misterio del VAU, que es la sexta letra del alfabeto hebreo, y la tercera letra del nombre divino-JOD HE VAU HE. Como se explicó anteriormente en el misterio del nombre de Jehová,

VAU significa clavar o unir. El creador se une a su creación a través del sentimiento; y el tiempo que tardas en fijar un sentimiento definido es la verdadera medida de estos seis días de creación. Separarse mentalmente del mundo objetivo y unirse mediante el secreto del sentimiento al estado subjetivo es la función de la sexta letra del alfabeto hebreo, VAU, o los seis días de trabajo.

Siempre hay un intervalo entre la impresión fija, o estado subjetivo, y la expresión externa de ese estado. Este intervalo se llama Sabbath. El Sabbath es el descanso mental que sigue al estado psicológico fijo; es el resultado de tus seis días de trabajo. "El Sabbath fue hecho para el hombre". Este descanso mental que sigue a una impregnación consciente exitosa es el período de embarazo mental; un período que está hecho con el propósito de incubar la manifestación. Fue hecho para la manifestación; la manifestación no fue hecha para él. Automáticamente guardas el Sabbath como día de descanso -un período de descanso mental- si logras cumplir tus seis días de trabajo. No puede haber Sabbath, ni séptimo día, ni período de descanso mental, hasta que los seis días hayan terminado, hasta que el ajuste psicológico se haya completado y la impresión mental se haya hecho por completo.

Se advierte al hombre que si no guarda el sábado, si no entra en el reposo de Dios, tampoco recibirá la promesa: no realizará sus deseos. La razón de esto es simple y obvia. No puede haber descanso mental hasta que se haga una impresión consciente. Si un hombre no logra impresionarse plenamente con el hecho de que ahora tiene lo que antes deseaba poseer, continuará deseándolo y, por lo tanto, no estará mentalmente en reposo o satisfecho. Si, por otra parte, logra hacer este ajuste consciente de modo que al salir del período de silencio o de sus seis días subjetivos de trabajo, sabe por su sentimiento que tiene la cosa deseada, entonces entra automáticamente en el Sabbath o en el período de descanso mental. El embarazo sigue a la impregnación. El hombre no sigue deseando lo que ya ha adquirido. El Sabbath puede guardarse como día de descanso sólo después de que el hombre logra ser consciente de ser aquello que antes de entrar en el silencio deseaba ser.

El sábado es el resultado de los seis días de trabajo. El hombre que conoce el verdadero significado de estos seis días de trabajo se da cuenta de que la observancia de un día de la semana como día de quietud física no es guardar el sábado. La paz y la tranquilidad del sábado sólo pueden experimentarse cuando el hombre ha logrado tomar conciencia de ser lo que desea ser. Si no logra esta impresión consciente, no ha dado en el blanco; ha pecado, porque pecar es no dar en el blanco, no lograr el objetivo; un estado en el que no hay paz mental. "Si no hubiera venido y les hubiera hablado, no habrían pecado". Si al hombre no se le hubiera presentado un estado ideal hacia el que tender, un estado que desear y adquirir, se habría sentido satisfecho con su suerte en la vida y nunca habría conocido el pecado. Ahora que el hombre sabe que sus capacidades son infinitas, sabe que trabajando seis días o haciendo un ajuste psicológico puede realizar sus deseos, no estará satisfecho hasta que logre todos sus objetivos. Él, con el conocimiento verdadero de estos seis días de trabajo, definirá su objetivo y se pondrá a tomar conciencia de serlo. Cuando esta impresión consciente se realiza, va seguida automáticamente de un período de descanso mental, un período que el místico llama el Sabbath, un intervalo en el que la impresión consciente se gestará y se expresará físicamente. La palabra se hará carne. Pero eso no es el fin. Este Sabbath o descanso que será interrumpido por la encarnación de la idea dará paso, tarde o temprano, a otros seis días de trabajo, cuando el hombre defina otro objetivo y comience de nuevo el acto de definirse a sí mismo como aquello que desea ser.

El hombre ha sido despertado de su sueño por medio del deseo, y no puede encontrar descanso hasta que realice su deseo. Pero antes de que pueda entrar en el descanso de Dios, o guardar el Sabbath, antes de que pueda caminar sin miedo y en paz, debe convertirse en un buen tirador espiritual y aprender el secreto de dar en el blanco o trabajar seis días, el secreto por el cual deja ir el estado objetivo y se ajusta a lo subjetivo. Este secreto fue revelado en el nombre divino Jehová, y de nuevo en la historia de Isaac bendiciendo a su hijo Jacob. Si el hombre aplica la fórmula tal como se revela en estos dramas bíblicos, dará siempre en el blanco espiritual, pues sabrá que sólo se entra en el descanso mental o Sabbath cuando se logra hacer un ajuste psicológico.

La historia de la crucifixión dramatiza maravillosamente estos seis días (período psicológico) y el séptimo día de descanso. Consta que era costumbre de los judíos hacer soltar a alguien de la cárcel en la fiesta de la Pascua; y que se les dio a elegir entre hacer soltar a Barrabás, el ladrón, o a Jesús, el Salvador. Y gritaron: "Soltad a Barrabás". Con lo cual Barrabás fue puesto en libertad y Jesús fue crucificado.

Se registra además que Jesús el Salvador fue crucificado en el sexto día, sepultado o enterrado en el séptimo día, y resucitado en el primer día. El salvador en tu caso es aquello que te salvaría de lo que ahora eres consciente de ser, mientras que Barrabás el ladrón es tu concepción actual de ti mismo que te roba aquello que te gustaría ser. Al definir a tu salvador defines aquello que te salvaría y no cómo serías salvado. Tu salvador o tu deseo tiene caminos que desconoces; sus caminos no se pueden descubrir. Cada problema revela su propia solución. Si estuvieras preso, automáticamente desearías ser libre. La libertad, entonces, es lo que te salvaría. Es tu salvador.

Habiendo descubierto a tu salvador, el siguiente paso en este gran drama de la resurrección es liberar a Barrabás, el ladrón -tu actual concepto de ti mismo- y crucificar a tu salvador, o fijar la conciencia de ser o tener aquello que te salvaría. Barrabás representa tu problema actual. Tu salvador es aquello que te liberaría de este problema. Liberas a Barrabás alejando tu atención de tu problema, de tu sentido de limitación, porque te roba la libertad que buscas. Y crucificas a tu salvador fijando un estado psicológico definido al sentir que estás libre de las limitaciones del pasado. Niegas la evidencia de los sentidos y empiezas a sentir subjetivamente la alegría de ser libre. Sientes que este estado de libertad es tan real que tú también gritas: "¡Soy libre!". "Se acabó". La fijación de este estado subjetivo -la crucifixión- tiene lugar el sexto día. Antes de que el sol se ponga en este día debes haber completado la fijación sintiendo: "Así es", "Consumado es".

Este conocimiento subjetivo es seguido por el Sabbath o descanso mental. Estarás como uno enterrado o sepultado porque sabrás que no importa cuán montañosas sean las barreras, cuán infranqueables parezcan ser los muros, tu salvador crucificado y sepultado (tu fijación subjetiva actual) resucitará. Al guardar el sábado como un período de descanso mental, al asumir la actitud mental que sería la tuya si ya estuvieras expresando visiblemente esta libertad, recibirás la promesa del Señor, pues la palabra se hará carne: la fijación subjetiva se encarnará a sí misma. "Y descansó Dios el séptimo día de todas sus obras". Tu conciencia es Dios descansando en el conocimiento de que-"Está bien"-"Está consumado". Y tus sentidos objetivos confirmarán que es así porque el día lo revelará.

PREGUNTAS Y RESPUESTAS DE REFLEXIÓN

1. ¿Qué simbolizan los seis días de trabajo y el séptimo día de descanso (Shabat) en términos de conciencia y creación?

- **Respuesta:** Los seis días simbolizan el período de trabajo psicológico durante el cual usted define y se ajusta conscientemente a su estado deseado. Representa el esfuerzo mental de sentir y creer que usted ya es lo que desea ser. El séptimo día, el Shabat, simboliza el descanso mental que viene después de que esta impresión consciente se ha fijado con éxito. Es un período de confianza y quietud mental, donde ya no trabaja sino que permite que su deseo se manifieste.

-

2. ¿Por qué se habla del sábado como de "descanso mental", y cómo se relaciona con la manifestación de los deseos?

- **Respuesta:** El Shabat es un descanso mental que sigue a la impresión exitosa de un deseo en la conciencia. Después de "trabajar" mentalmente durante seis días para fijar la sensación de que ya existe o se tiene el deseo, el Shabat es la fase en la que se deja de hacer esfuerzos y se permite que la manifestación se geste. Es un tiempo de confianza pacífica, sabiendo que el deseo se hará realidad. Sin entrar en este período de descanso, el deseo no puede realizarse plenamente porque el esfuerzo mental continuaría.

-

3. ¿Qué significa "guardar el sábado" y por qué es necesario para la manifestación?

- **Respuesta:** "Guardar el Shabat" significa entrar en un estado de descanso mental, habiendo aceptado y sentido plenamente la realidad de tu deseo como cumplido. Es necesario para la manifestación porque significa que has completado el trabajo mental y ya no necesitas esforzarte. Si no entras en el Shabat, significa que no has aceptado o creído plenamente que tu deseo es real, y por lo tanto la manifestación se retrasa.

-

4. ¿Cómo se relaciona la historia de la crucifixión con los seis días de trabajo y el sábado?

- **Respuesta:** La historia de la crucifixión simboliza el proceso psicológico de liberación de las viejas creencias (Barrabás) y fijación de las nuevas (Jesús). La crucifixión de Jesús representa el acto de imprimir firmemente un nuevo estado de conciencia, lo que ocurre el sexto día. El sábado, o séptimo día, es el período de descanso que sigue a esta fijación. La resurrección de Jesús en el primer día simboliza la manifestación del deseo, que viene después del período de descanso mental.

-

5. ¿Cuál es el significado de liberar a Barrabás y crucificar a Jesús en términos de manifestar un deseo?

- **Respuesta:** Barrabás representa tu estado actual o problema que te priva de la libertad que deseas, mientras que Jesús simboliza el nuevo estado que te salvaría. Liberar a Barrabás significa dejar de enfocarte en el problema, y crucificar a Jesús significa arreglar la sensación de que ya tienes el estado deseado. Este proceso simboliza el cambio psicológico de enfocarte en las limitaciones a abrazar la nueva realidad deseada.

-

6. ¿Qué se quiere decir con la frase "Consumado es" en el contexto del capítulo, y cómo se aplica al proceso de manifestación?

- **Respuesta:** "Está consumado" se refiere al momento en que has grabado plenamente en tu conciencia la creencia de que tu deseo ya se ha cumplido. Marca el fin del trabajo psicológico y el comienzo del Shabat o descanso mental. En el proceso de manifestación, esta frase indica que ya no necesitas trabajar ni preocuparte;

simplemente confías en que tu deseo se manifestará a su debido tiempo.

-

7. ¿Por qué el capítulo enfatiza que el sábado sigue a los seis días de trabajo psicológico, y qué sucede si no se observa el sábado?

- Respuesta: El capítulo enfatiza que el Shabat sigue a los seis días de trabajo porque representa el descanso mental necesario donde ocurre la manifestación. Si no se observa el Shabat, si se continúa preocupándose o dudando, la manifestación se retrasa porque no se ha aceptado plenamente que el deseo es real. El Shabat es esencial para permitir que el deseo se gesté y se hiciera realidad.

-

8. ¿Cómo puede la comprensión del sábado ayudar a alguien en su vida diaria cuando trata de manifestar sus metas o deseos?

- Respuesta: Comprender el Shabat ayuda a entender que después de realizar el trabajo psicológico de imaginar y sentir el estado deseado, uno debe descansar mentalmente, confiando en que el proceso se desarrollará de manera natural. Anima a las personas a dejar de pensar demasiado o forzar los resultados, lo que les permite relajarse y esperar con confianza que sus objetivos se manifiesten. Este descanso mental evita que la ansiedad y la duda interfieran en el proceso creativo.

-

9. ¿Qué significa ser un "tirador espiritual" y cómo se relaciona con los seis días de trabajo?

- **Respuesta:** Ser un "tirador espiritual" significa dominar la capacidad de centrar la conciencia en un estado deseado y fijarlo con precisión en la mente. Se relaciona con los seis días de trabajo en el sentido de que el acto de dar en el blanco (o lograr la meta) requiere un esfuerzo mental concentrado y el uso correcto de los sentimientos y la imaginación. Una vez que se da en el blanco, se puede entrar en el Shabat sabiendo que se ha cumplido el trabajo.

-

10. ¿Qué pasos prácticos puede dar alguien para entrar en el sábado, como se describe en el capítulo?

- **Respuesta:** Los pasos prácticos para entrar en el Sabbat incluyen:
- Primero, define y aclara tu deseo.
- En segundo lugar, siente y asume mentalmente que ya tienes o eres lo que deseas, concentrándote en este

sentimiento durante un período de tiempo (los seis días de trabajo).

- En tercer lugar, una vez que la sensación se haya fijado, deja de esforzarte más y entra en un estado de descanso mental, confiando en que la manifestación se producirá. Este paso requiere fe y relajación, sabiendo que tu deseo está en camino.

CAPÍTULO SEIS

SANACIÓN

La fórmula para la cura de la lepra revelada en el capítulo catorce del Levítico es de lo más esclarecedora cuando se contempla a través de los ojos de un místico. Esta fórmula puede prescribirse como la cura positiva de cualquier enfermedad en el mundo del hombre, ya sea física, mental, financiera, social, moral... cualquier cosa. No importa la naturaleza de la enfermedad ni su duración, pues esta fórmula puede aplicarse con éxito a todas y cada una de ellas.

He aquí la fórmula tal como está registrada en el libro del Levítico. "Entonces el sacerdote mandará tomar dos aves vivas y limpias para el que ha de ser purificado ... y el sacerdote mandará matar una de las aves ... En cuanto al ave viva, la tomará y la mojará en la sangre del ave que fue muerta; y rociará siete veces sobre el que ha de ser purificado de la lepra y lo declarará limpio y soltará el ave viva en el campo abierto ... Y quedará limpio". Una aplicación literal de esta historia sería estúpida e infructuosa, mientras que, por otro lado, una aplicación psicológica de esta fórmula es sabia y fructífera.

Un pájaro es el símbolo de una idea. Todo hombre que tiene un problema o que desea expresar algo distinto de lo que ahora expresa puede decirse que tiene dos pájaros. Estos dos pájaros o concepciones pueden definirse como sigue: El primer pájaro es la concepción actual que tienes de ti mismo; es la descripción que darías si te pidieran que te definieras: tu condición física, tus ingresos, tus obligaciones, tu nacionalidad, tu familia, tu raza, etcétera. Su respuesta sincera a estas preguntas se basaría necesariamente en la evidencia de sus sentidos y no en ningún deseo. Esta concepción verdadera de ti mismo (basada enteramente en las evidencias de tus sentidos) define al primer pájaro. El segundo pájaro se define por la respuesta que desearías dar a estas preguntas de autodefinición. En resumen, estos dos pájaros pueden definirse como aquello que eres consciente de ser y aquello que deseas ser.

Otra definición de los dos pájaros sería: el primero, tu problema actual, independientemente de su naturaleza; y el segundo, la solución a ese problema. Por ejemplo: Si estuvieras enfermo, la solución sería tener buena salud. Si tuvieras deudas, la solución sería liberarte de ellas. Si tuvieras hambre, la solución sería comer. Como habrás notado, no se considera el cómo, la manera de realizar la solución. Sólo se consideran el problema y la solución. Cada problema revela su propia solución. Para la enfermedad es la salud; para la pobreza es la riqueza; para la debilidad es la fuerza; para el encierro es la libertad.

Estos dos estados, tu problema y su solución, son los dos pájaros que llevas al sacerdote. Tú eres el sacerdote que ahora representa el drama de la curación del hombre de la lepra: tú y tu problema. Tú eres el sacerdote; y con esta fórmula para la curación de la lepra ahora te liberas de tu problema.

Primero: Coge uno de los pájaros (tu problema) y mátalo extrayéndole la sangre. La sangre es la conciencia del hombre. "De una sangre ha hecho todas las naciones de los hombres para que habiten sobre toda la faz de la tierra". Tu conciencia es la única realidad que anima y hace real aquello que tienes conciencia de ser. Así que apartar tu atención del problema equivale a extraer la sangre del pájaro. Tu conciencia es la única sangre que hace que todos los estados sean realidades vivas. Si retiras tu atención de un estado determinado, habrás drenado la sangre vital de ese estado. Matas o eliminas el primer pájaro (tu problema) quitándole tu atención. En esta sangre (tu conciencia) sumerges el pájaro vivo (la solución), o aquello que hasta ahora deseabas ser o poseer. Esto lo haces sintiendo que ahora eres el estado deseable.

Esta inmersión del pájaro vivo en la sangre del pájaro que fue matado es similar a la bendición de Jacob por su padre ciego Isaac. Como recordarás, el ciego Isaac no podía ver su mundo objetivo, su hijo Esaú. Tú también estás ciego a tu problema -el primer pájaro- porque has retirado tu atención de él y por lo tanto no lo ves. Tu atención (sangre) está ahora puesta en el segundo pájaro (estado subjetivo), y sientes y percibes su realidad.

Siete veces se te dice que rocíes al que va a ser limpiado. Esto significa que debes permanecer dentro de esta nueva concepción de ti mismo hasta que mentalmente entres en el séptimo día (el Sabbath); hasta que la mente se aquiete o se fije en la creencia de que realmente estás expresando o poseyendo aquello que deseas ser o poseer. En la séptima aspersión se te ordena soltar el ave viviente y declarar limpio al hombre. Cuando te convences plenamente de que eres lo que deseas ser, te has rociado simbólicamente siete veces; entonces eres tan libre como el pájaro que se suelta. Y al igual que el pájaro en vuelo, que debe regresar a la tierra al poco tiempo, así también tu impresión subjetiva o pretensión debe encarnarse al poco tiempo en tu mundo.

Esta historia y todas las otras historias de la Biblia son obras psicológicas dramatizadas dentro de la conciencia del hombre. Tú eres el sumo sacerdote; tú eres el leproso; tú eres los pájaros. Tu conciencia o YO SOY es el sumo sacerdote; tú, el hombre con el problema, eres el leproso. El problema, tu concepto actual de ti mismo, es el pájaro que es asesinado; la solución del problema, lo que deseas ser, es el pájaro vivo que es liberado. Vuelves a representar este gran drama dentro de ti apartando tu atención de tu problema y poniéndola en aquello que deseas expresar. Te inculcas el hecho de que eres lo que deseas ser hasta que tu mente se aquieta en la creencia de que es así. Vivir en esta actitud fija de la mente, vivir en la conciencia de que ahora eres lo que antes deseabas ser, es el pájaro en vuelo, libre de las limitaciones del pasado y moviéndose hacia la encarnación de tu deseo.

PREGUNTAS Y RESPUESTAS DE REFLEXIÓN

1. ¿Qué simbolizan los dos pájaros en la historia de Levítico y cómo se aplica esto al proceso de curación?

- Respuesta: Los dos pájaros simbolizan dos estados de conciencia diferentes: el primer pájaro representa el estado o problema actual (como una enfermedad, dificultades económicas o angustia emocional) y el segundo pájaro simboliza el estado o solución deseados (como la salud, la riqueza o la paz). El proceso de curación implica "matar" simbólicamente al primer pájaro retirando la atención del problema y transfiriendo esa atención (o "sangre") al segundo pájaro, que representa la solución. Este cambio de conciencia es esencial para la curación.

-

2. ¿Qué significa "matar al primer pájaro" y por qué es esto necesario para la curación?

- Respuesta: "Matar al primer pájaro" significa quitar tu foco y atención del problema que estás experimentando en ese momento. Dado que la atención (o conciencia) es lo que da vida a cualquier estado, retirar la atención del problema elimina efectivamente su poder y significado. Este paso es necesario para la curación porque mientras sigas concentrado en el problema, este permanecerá activo en tu conciencia y realidad.

-

3. ¿Cómo se utiliza la "sangre" del primer pájaro para dar vida al segundo pájaro, y qué simboliza esto?

- **Respuesta:** La "sangre" del primer pájaro, que simboliza la conciencia o la atención, se utiliza para dar vida al segundo pájaro (la solución). Esto significa que una vez que retiras la atención del problema, la rediriges hacia la solución o el estado que deseas encarnar. Al sumergir al segundo pájaro (tu estado deseado) en la conciencia que una vez animó el problema, le das vida en tu mente, haciéndolo real en tu conciencia.

-

4. ¿Cuál es el significado de rociar siete veces a quien ha de ser purificado, y cómo se relaciona esto con la manifestación?

- **Respuesta:** Rociar siete veces representa el proceso de imprimir completamente el nuevo estado deseado en tu conciencia hasta que entres en un estado de descanso mental o creencia de que la curación se ha producido. El número siete simboliza la completitud o totalidad, lo que significa que debes permanecer en la sensación de tu estado deseado hasta que estés completamente convencido de su realidad. Este descanso mental es crucial para la manifestación del estado deseado.

-

5. ¿Qué significa "desatar el pájaro vivo" después del séptimo rociado, y cómo se relaciona esto con la sanidad?

- **Respuesta:** Soltar el pájaro vivo simboliza la liberación del estado deseado en el mundo y permitir que se manifieste. Una vez que hayas grabado plenamente en tu conciencia la creencia de estar curado o de poseer el estado deseado, debes soltarlo y confiar en que se manifestará en tu realidad física. Así como el pájaro vuela libremente, tu impresión mental acabará volviendo a ti como una manifestación objetiva.

-

6. ¿Cómo puede alguien aplicar esta fórmula a un problema de la vida real que enfrenta, como una enfermedad o una dificultad financiera?

- **Respuesta:** Para aplicar esta fórmula:
- Primero, identifica el problema actual (el primer pájaro) y retira conscientemente tu atención de él.

- En segundo lugar, céntrate en la solución deseada (el segundo pájaro), como la salud o la libertad financiera, y siéntete como si ya fuera cierta.

- En tercer lugar, permanezca en esta sensación hasta que alcance una sensación de descanso mental (la séptima salpicadura), sabiendo que el estado deseado es real y se manifestará. Por último, deje de hacer cualquier otro esfuerzo y confíe en el proceso, permitiendo que la manifestación se produzca de forma natural.

-

7. ¿Qué papel juega la atención en el proceso de curación, según este capítulo?

- **Respuesta:** La atención es la fuerza impulsora tanto del problema como de la solución. Todo aquello en lo que centres tu atención se vuelve real en tu conciencia. En el proceso de curación, es esencial desviar la atención del problema y centrarla por completo en el resultado deseado. Al hacerlo, eliminas la vida del problema y le das vida a la solución, lo que permite que la curación o el estado deseado se manifiesten.

-

8. ¿Cuál es el significado psicológico de ser al mismo tiempo el sumo sacerdote, el leproso y los pájaros en esta historia?

- **Respuesta:** La historia es un drama psicológico que se desarrolla dentro de tu propia conciencia. Tú eres el sumo sacerdote (tu conciencia), el leproso (la persona que experimenta el problema) y los pájaros (el problema y la solución). Esto significa que la curación es un proceso interno: tienes el poder de liberarte de cualquier problema cambiando tu enfoque y tu creencia. Todo el drama ocurre dentro de tu mente, y tú eres tanto el sanador como el sanado.

-

9. ¿Qué enseña el capítulo acerca de la importancia de "vivir en una actitud mental fija" para que se produzca la curación?

- **Respuesta:** Vivir en una actitud mental fija significa mantener un enfoque sostenido en el estado deseado, sintiendo como si ya fuera cierto. Esto es esencial para la curación porque crea un entorno mental en el que el estado deseado puede crecer y manifestarse. Al vivir constantemente en la sensación de estar curado o de poseer lo que deseas, alineas tu conciencia con el resultado, lo que permite que se convierta en realidad.

-

10. ¿Por qué es importante desviar por completo la atención del problema y cómo se puede lograr esto mentalmente?

- Respuesta: Es importante apartar la atención del problema porque, mientras te centres en él, le seguirás dando vida y realidad. Para lograrlo mentalmente, debes desplazar tu atención hacia la solución y sentir que el problema ya no existe. La visualización, las afirmaciones y la redirección consciente de tus pensamientos hacia el resultado deseado son métodos eficaces para lograr este cambio mental.

CAPÍTULO SIETE

DESEO, LA PALABRA DE DIOS

"Así será mi palabra que sale de mi boca; no volverá a mí vacía, sino que hará lo que yo quiero, y prosperará en aquello a que la envié".

Dios te habla a través del medio de tus deseos básicos. Tus deseos básicos son palabras de promesa o profecías que contienen en sí mismas el plan y el poder de expresión.

Por deseo básico se entiende tu objetivo real. Los deseos secundarios se refieren a la forma de realización. Dios, tu YO SOY, te habla a ti, el estado consciente condicionado, a través de tus deseos básicos. Los deseos secundarios o formas de expresión son los secretos de tu YO SOY, el Padre todo sabio. Tu Padre, YO SOY, revela el primero y el último - "Yo soy el principio y el fin", pero nunca revela el medio o el secreto de Sus caminos; es decir, el primero se revela como la palabra, tu deseo básico. El último es su cumplimiento-la palabra hecha carne. El segundo o medio (el plan de desenvolvimiento) nunca es revelado al hombre sino que permanece para siempre el secreto del Padre.

"Porque yo testifico a todo hombre que oye las palabras de la profecía de este libro, que si alguno añadiere a estas cosas, Dios le añadirá las plagas que están escritas en este libro; y si alguno quitare de las palabras del libro de esta profecía, Dios quitará su parte del libro de la vida."

Las palabras de la profecía de las que se habla en el libro del Apocalipsis son tus deseos básicos que no deben ser condicionados más. El hombre está constantemente añadiendo y quitando a estas palabras. Al no saber que el deseo básico contiene el plan y el poder de expresión, el hombre siempre está comprometiendo y complicando sus deseos. He aquí un ejemplo de lo que el hombre hace con la palabra profética: sus deseos.

El hombre desea liberarse de su limitación o problema. Lo primero que hace después de definir su objetivo es condicionarlo a otra cosa. Comienza a especular sobre la manera de conseguirlo. Sin saber que la cosa deseada tiene una forma de expresión propia, empieza a planear cómo va a conseguirla, añadiendo así algo a la palabra de Dios. Si, por el contrario, no tiene ningún plan o concepción en cuanto a la realización de su deseo, entonces compromete su deseo modificándolo. Piensa que si se conforma con menos de lo que desea, tendrá más posibilidades de realizarlo. Al hacerlo, se aleja de la palabra de Dios. Tanto los individuos como las naciones violan constantemente esta ley de su deseo básico al conspirar y planear la realización de sus ambiciones; de este modo añaden a la palabra de la profecía, o se comprometen con sus ideales, tomando así de la palabra de Dios. El resultado inevitable es la muerte y las plagas o el fracaso y la frustración prometidos para tales violaciones.

Dios habla al hombre sólo a través del medio de sus deseos básicos. Sus deseos están determinados por la concepción que tiene de sí mismo. Por sí mismos no son ni buenos ni malos. "Yo sé y estoy persuadido por el Señor Jesucristo que nada hay inmundo en sí mismo, sino que para el que ve algo inmundo para él es inmundo". Tus deseos son el resultado natural y automático de tu concepción actual de ti mismo. Dios, tu conciencia incondicionada, es impersonal y no hace acepción de personas. Tu conciencia incondicionada, Dios, da a tu conciencia condicionada, el hombre, a través del medio de tus deseos básicos lo que tu estado condicionado (tu concepción actual de ti mismo) cree que necesita.

Mientras permanezcas en tu estado consciente actual, seguirás deseando lo que ahora deseas. Cambia tu concepción de ti mismo y cambiarás automáticamente la naturaleza de tus deseos.

Los deseos son estados de conciencia que buscan encarnación. Están formados por la conciencia del hombre y pueden ser expresados fácilmente por el hombre que los ha concebido. Los deseos se expresan cuando el hombre que los ha concebido asume la actitud mental que le correspondería si los estados deseados ya estuvieran expresados. Ahora bien, debido a que los deseos, independientemente de su naturaleza, pueden expresarse tan fácilmente mediante actitudes mentales fijas, debe darse una palabra de advertencia a aquellos que aún no se han dado cuenta de la unicidad de la vida, y que no conocen la verdad fundamental de que la conciencia es Dios, la única realidad. Esta advertencia fue dada al hombre en la famosa Regla de Oro: "Haz a los demás lo que quisieras que te hicieran a ti".

Puedes desear algo para ti o para otro. Si tu deseo se refiere a otro, asegúrate de que lo que deseas es aceptable para él. La razón de esta advertencia es que tu conciencia es Dios, el dador de todos los dones. Por lo tanto, lo que sientes y crees que es verdad de otro es un regalo que le has dado. El regalo que no se acepta vuelve al dador. Por lo tanto, asegúrate de que te encantaría poseer el regalo, porque si fijas una creencia dentro de ti como verdadera de otro y él no acepta este estado como verdadero de sí mismo, este regalo no aceptado se encarnará dentro de tu mundo. Siempre escucha y acepta como verdadero para otros lo que desearías para ti mismo.

Al hacerlo, estarás construyendo el cielo en la tierra. "Haz a los demás lo que quieres que te hagan a ti" se basa en esta ley. Sólo acepta como verdaderos de los demás los estados que aceptarías voluntariamente como verdaderos de ti mismo, para que puedas crear constantemente el cielo en la tierra. Tu cielo está definido por el estado de conciencia en el que vives, el cual está compuesto por todo lo que aceptas como verdad de ti mismo y de los demás. Tu entorno inmediato está definido por tu propia concepción de ti mismo más tus convicciones respecto a los demás que no han sido aceptadas por ellos. Tu concepción de otro que no es su concepción de sí mismo es un regalo que te devuelven.

Las sugerencias, como la propaganda, son boomerangs a menos que sean aceptadas por aquellos a quienes se envían. Así pues, tu mundo es un regalo que te has hecho a ti mismo. La naturaleza del regalo viene determinada por tu concepción de ti mismo más los regalos no aceptados que ofreciste a los demás. No te equivoques: la ley no hace acepción de personas. Descubre la ley de la autoexpresión y vive según ella; entonces serás libre. Con esta comprensión de la ley, defina su deseo; sepa exactamente lo que quiere; asegúrese de que es deseable y aceptable.

El hombre sabio y disciplinado no ve ninguna barrera para la realización de su deseo; no ve nada que destruir. Con una actitud mental fija, reconoce que la cosa deseada ya está plenamente expresada, pues sabe que un estado subjetivo fijo tiene formas y medios de expresarse que ningún hombre conoce. "Antes de que pregunten ya he respondido". "Tengo caminos que desconocéis". "Mis caminos son inescrutables". El hombre indisciplinado, por otra parte, ve constantemente oposición al cumplimiento de su deseo, y debido a esta frustración forma deseos de destrucción que cree firmemente que deben expresarse antes de que su deseo básico pueda realizarse. Cuando el hombre descubra esta ley de la conciencia única, comprenderá la gran sabiduría de la Regla de Oro, por lo que vivirá de acuerdo con ella y se demostrará a sí mismo que el reino de los cielos está en la tierra.

Comprenderá por qué debe "Hacer a los demás lo que quisieras que te hicieran a ti". Sabrás por qué debes vivir según esta Regla de Oro porque descubrirás que es de sentido común hacerlo, ya que la regla se basa en la ley inmutable de la vida y no hace acepción de personas. La conciencia es la única realidad. El mundo y todo lo que hay en él son estados de conciencia objetivados. Tu mundo está definido por tu concepción de ti mismo más tu concepción de los demás, que no son sus concepciones de sí mismos.

La historia de la Pascua es para ayudarte a dar la espalda a las limitaciones del presente y pasar a un estado mejor y más libre. La sugerencia de "Seguir al hombre del cántaro de agua" fue dada a los discípulos para guiarles a la última cena o fiesta de la Pascua. El hombre del cántaro de agua es el undécimo discípulo, Simón de Canaán, la cualidad disciplinada de la mente que sólo escucha estados dignos, nobles y amables. La mente que está disciplinada para escuchar sólo lo bueno se deleita con los estados buenos y así encarna el bien en la tierra. Si tú también quieres asistir a la última cena -la gran fiesta de la Pascua-, sigue a este hombre. Asume esta actitud mental simbolizada como el "hombre con el cántaro de agua", y vivirás en un mundo que es realmente el cielo en la tierra. La fiesta de la Pascua es el secreto para cambiar tu conciencia. Desvías tu atención de tu concepción actual de ti mismo y asumes la conciencia de ser aquello que quieres ser, pasando así de un estado a otro. Esta hazaña se logra con la ayuda de los doce discípulos, que son las doce cualidades disciplinadas de la mente.

PREGUNTAS Y RESPUESTAS DE REFLEXIÓN

1. ¿Qué quiere decir el capítulo cuando afirma que los deseos son la "palabra de Dios"?

- **Respuesta:** El capítulo enseña que tus deseos básicos son la voz de Dios que habla a través de tu conciencia. Los deseos no son aleatorios; son profecías que contienen tanto el plan como el poder para su cumplimiento. Estos deseos representan tus objetivos reales, que son mensajes de tu ser superior (Dios o "YO SOY"). Cuando tienes un deseo, es esencialmente lo divino que te habla, impulsándote a expresar un nuevo estado de conciencia.

-

2. ¿Cuál es la diferencia entre un deseo básico y un deseo secundario, y por qué es importante distinguirlos?

- **Respuesta:** Un deseo básico es tu verdadero objetivo o meta: lo que genuinamente quieres ser, hacer o poseer. Un deseo secundario se refiere a la manera o modo en que crees que se logrará ese objetivo. El capítulo enfatiza que el modo (deseo secundario) no es algo de lo que debamos preocuparnos, ya que es un misterio que sólo conoce el "Padre" (Dios, o YO SOY). Concentrarse en cómo sucederá algo puede agregar complejidad y dudas innecesarias, mientras que concentrarse en el deseo básico permite que se manifieste más fácilmente.

-

3. ¿Por qué el capítulo advierte contra añadir o quitar cosas a sus deseos básicos?

- **Respuesta:** La advertencia surge de la idea de que cuando añades condiciones o compromisos a tus deseos, interfieres con el poder natural que tienen para cumplirse. Al añadir a un deseo, lo complicas con detalles innecesarios sobre cómo debería suceder, o al quitarle a un deseo, bajas tus expectativas y te conformas con menos. Ambas acciones pueden impedir que tu deseo se manifieste porque alteran la naturaleza pura y poderosa del deseo en sí.

-

4. ¿Cómo influye la forma en que nos concebimos a nosotros mismos en nuestros deseos?

- **Respuesta:** Tus deseos son un resultado directo de tu autoconcepto. Lo que crees que es verdad sobre ti mismo determina lo que quieres o deseas en la vida. Si cambias tu autoconcepto (cómo te ves a ti mismo), naturalmente cambiarás tus deseos. Por ejemplo, alguien que se ve a sí mismo como exitoso deseará nuevas oportunidades y crecimiento, mientras que alguien que se ve a sí mismo como alguien que lucha podría desear solo alivio de las dificultades.

-

5. ¿Por qué el capítulo enfatiza la importancia de la Regla de Oro: "Trata a los demás tal y como quieres que te traten a ti"?

- **Respuesta:** La regla de oro se enfatiza porque la conciencia es la única realidad, y lo que crees que es verdad de los demás se refleja en ti. Si deseas algo para otra persona, debe ser algo que aceptarías voluntariamente para ti mismo, porque cualquier deseo o creencia no aceptada sobre los demás volverá a ti. Esto crea un efecto bumerán: lo que deseas para los demás, positivo o negativo, afecta tu propia realidad. Por lo tanto, es importante desearles a los demás solo lo que desearías para ti mismo.

-

6. ¿Cómo puede alguien aplicar el principio de "soltar el medio" para manifestar sus deseos?

- **Respuesta:** "Dejar ir el punto medio" significa no preocuparse ni tratar de controlar el proceso de cómo se manifestará su deseo. Una vez que haya definido claramente su deseo básico, confíe en que el "cómo" se resolverá por sí solo de maneras que escapan a su comprensión. En lugar de obsesionarse con cómo sucederá algo, concéntrese en vivir con la sensación de que su deseo ya se ha cumplido. Esto permite que el desarrollo natural de los acontecimientos haga realidad su deseo.

-

7. ¿Qué significa "seguir al hombre con el cántaro de agua" y cómo ayuda este concepto a cambiar tu estado de conciencia?

- **Respuesta:** "Seguir al hombre con el cántaro de agua" simboliza disciplinar tu mente para que se concentre únicamente en estados nobles, dignos y positivos. El "hombre con el cántaro de agua" representa la parte de tu mente que escucha únicamente pensamientos buenos y constructivos. Al seguir esta mentalidad disciplinada, alineas tu conciencia con estados superiores del ser, lo que te permite pasar de un estado limitado a uno mejor. Este cambio de conciencia es lo que te permite encarnar tus deseos y crear una nueva realidad.

-

8. ¿Cómo puede alguien evitar complicar o comprometer sus deseos, como se advierte en el capítulo?

- **Respuesta:** Para evitar complicar o comprometer los deseos, concéntrese únicamente en el objetivo final (deseo básico) sin tratar de averiguar los medios para lograrlo. Confíe en que el deseo contiene su propio poder para manifestarse y evite cuestionarlo o agregar condiciones innecesarias. Además, resista la tentación de reducir sus expectativas o conformarse con menos de lo que realmente desea. Mantenga un enfoque claro e inquebrantable en su resultado ideal.

-

9. ¿Qué pasos prácticos se pueden seguir para vivir según la Regla de Oro en el proceso de manifestación?

- **Respuesta:** Vivir según la Regla de Oro en la manifestación:
- Primero, asegúrate de que cualquier deseo que tengas para los demás sea algo que querrías para ti mismo.
- En segundo lugar, alinea tus creencias sobre los demás con ideas positivas y de apoyo, asumiendo lo mejor para ellos.
- En tercer lugar, practica ver a los demás como te gustaría que te vieran: trátalos en pensamiento y acción como te gustaría que te trataran a ti.
- Esta mentalidad le ayudará a crear una realidad llena de interacciones positivas y beneficios mutuos, ya que usted y los demás reflejan las creencias y deseos del otro.

-

10. ¿Qué papel juega la disciplina en la manifestación de los deseos, según el capítulo?

- Respuesta: La disciplina desempeña un papel crucial para mantener el foco en el estado deseado sin vacilar ni distraerse con dudas, miedos o pensamientos negativos. La mente disciplinada escucha únicamente los pensamientos que se alinean con el resultado deseado y rechaza cualquier pensamiento que sugiera fracaso u oposición. Al mantener el compromiso con el estado deseado y negarse a albergar pensamientos contradictorios, crea un entorno mental estable en el que su deseo puede manifestarse.

CAPÍTULO OCHO
FE

Y Jesús les dijo: Por vuestra incredulidad; porque de cierto os digo que si tuviereis fe como un grano de mostaza, diréis a este monte: Pásate de aquí allá, y se pasará; y nada os será imposible.

Esta fe de un grano de mostaza ha demostrado ser una piedra de tropiezo para el hombre. Se le ha enseñado a creer que un grano de mostaza significa un pequeño grado de fe. Así que naturalmente se pregunta por qué él, un hombre maduro, debe carecer de esta insignificante medida de fe cuando una cantidad tan pequeña asegura el éxito.

"La fe", se le dice, "es la sustancia de las cosas que se esperan, la evidencia de las cosas que no se ven". Y de nuevo: "Por la fe... fueron constituidos los mundos por la palabra de Dios, de modo que las cosas que se ven no fueron hechas de cosas que se ven". Las cosas invisibles se hicieron visibles. El grano de mostaza no es la medida de una pequeña cantidad de fe. Al contrario, es lo absoluto en la fe. Un grano de mostaza es consciente de ser un grano de mostaza y sólo un grano de mostaza. No es consciente de ninguna otra semilla en el mundo. Está sellada en la convicción de que es una semilla de mostaza de la misma manera que el espermatozoide sellado en el útero es consciente de ser hombre y sólo hombre. Un grano de mostaza es realmente la medida de fe necesaria para lograr todos tus objetivos; pero al igual que el grano de mostaza, tú también debes perderte en la conciencia de ser sólo la cosa deseada. Permanece en este estado sellado hasta que estalle y revele tu pretensión consciente. La fe es sentir o vivir en la conciencia de ser la cosa deseada; la fe es el secreto de la creación, el VAU en el nombre divino JOD HE VAU HE; la fe es el Ham en la familia de Noé; la fe es el sentido del sentimiento por el cual Isaac bendijo e hizo realidad a su hijo Jacob. Por la fe Dios (tu conciencia) llama a las cosas que no se ven como si se vieran y las hace ver.

Es la fe la que te permite ser consciente de ser la cosa deseada; de nuevo, es la fe la que te sella en este estado consciente hasta que tu pretensión invisible madura y se expresa, se hace visible. La fe o el sentimiento son el secreto de esta apropiación. A través del sentimiento, la conciencia que desea se une a la cosa deseada.

¿Cómo te sentirías si fueras aquello que deseas ser? Ponte este estado de ánimo, este sentimiento que sería tuyo si ya fueras aquello que deseas ser; y en poco tiempo estarás sellado en la creencia de que lo eres. Entonces, sin esfuerzo, este estado invisible se objetivará; lo invisible se hará visible. Si tuvieras la fe de un grano de mostaza, este día, a través de la sustancia mágica del sentimiento, te sellarías en la conciencia de ser lo que deseas ser. En esta quietud mental o estado de tumba permanecerías, confiado en que no necesitas a nadie para hacer rodar la piedra, porque todas las montañas, piedras y habitantes de la tierra son como nada a tu vista. Lo que ahora reconoces como verdad en ti mismo (este estado consciente presente) hará según su naturaleza entre todos los habitantes de la tierra, y nadie puede detener su mano o decirle: ¿Qué haces? Nadie puede impedir que este estado consciente en el que estás sellado se encarne, ni cuestionar su derecho a ser.

Este estado consciente, cuando está debidamente sellado por la fe, es una palabra de Dios, YO SOY, porque el hombre así sellado está diciendo: "YO SOY así y así"; y la palabra de Dios (mi estado consciente fijo) es espíritu y no puede volver a mí vacía, sino que debe cumplir aquello a lo que es enviada. La palabra de Dios (tu estado consciente) debe encarnarse para que sepas: "YO SOY el Señor... no hay Dios fuera de mí"; "La palabra se hizo carne y habitó entre nosotros"; y "Envió su palabra y lo sanó".

Tú también puedes enviar tu palabra, la palabra de Dios, y sanar a un amigo. ¿Hay algo que te gustaría oír de un amigo? Define este algo que sabes que a él le encantaría ser o poseer. Ahora, con tu deseo bien definido, tienes una palabra de Dios. Para enviar esta palabra en su camino, para que esta palabra se haga realidad, simplemente haz esto: Siéntate tranquilamente donde estás y adopta la actitud mental de escuchar; recuerda la voz de tu amigo; con esta voz familiar establecida en tu conciencia, imagina que realmente estás oyendo su voz y que te está diciendo que es o tiene lo que tú querías que fuera o tuviera. Imprime en tu conciencia el hecho de que realmente le has oído y que te ha dicho lo que querías oír; siente la emoción de haber oído. Luego déjalo completamente. Este es el secreto del místico para hacer que las palabras se expresen, para hacer que la palabra se haga carne. Formas dentro de ti la palabra, lo que quieres oír; luego escuchas y te lo dices a ti mismo. "Habla, Señor, que tu siervo oye". Tu conciencia es el Señor hablando a través de la voz familiar de un amigo e imprimiendo en ti lo que deseas oír. Esta autoimpregnación, el estado impreso en ti mismo, la palabra, tiene formas y medios de expresarse de los que nadie sabe. A medida que logres impresionarte, las apariencias no te afectarán, porque esta autoimpresión está sellada como el grano de mostaza y, a su debido tiempo, madurará hasta su plena expresión.

PREGUNTAS Y RESPUESTAS DE REFLEXIÓN

1. ¿Cuál es el significado de la semilla de mostaza en el contexto de la fe, según el capítulo?

- **Respuesta:** La semilla de mostaza representa la fe absoluta, no una pequeña cantidad de fe como a menudo se malinterpreta. Una semilla de mostaza es plenamente consciente de ser sólo una semilla de mostaza y nada más. Esta convicción pura e inquebrantable es de lo que se trata la fe: estar completamente absorto en la conciencia de ser lo que deseas, tal como la semilla de mostaza está completamente concentrada en ser una semilla de mostaza. La fe, por lo tanto, es la capacidad de perderte por completo en la creencia de que ya eres lo que deseas.

-

2. ¿Cómo define el capítulo la fe y por qué es crucial para la manifestación?

- **Respuesta:** La fe se define como el sentimiento o la conciencia de ser aquello que se desea. Es a través de la fe que te vuelves uno con el estado que deseas manifestar. La fe es el mecanismo que te sella en la creencia de que ya eres aquello que deseas ser, y es este sentimiento el que conduce a la realización del estado deseado. Sin fe, no hay unión entre el que desea y lo deseado, y por lo tanto no hay manifestación.

-

3. ¿Qué significa "sellarse" en la conciencia de ser lo que deseas, y cómo se logra esto?

- **Respuesta:** "Sellarse" en la conciencia de ser lo que uno desea significa aceptar y vivir plenamente en la creencia de que ya se posee o se experimenta el deseo. Esto se logra cultivando el sentimiento o estado de ánimo que sería el propio si el deseo ya se hubiera realizado. Encarnas mental y emocionalmente el estado de realización hasta que lo sientes natural y real. Al hacer esto, permites que el deseo invisible se haga visible en tu realidad.

-

4. ¿Qué papel juega el sentimiento en el proceso de fe y manifestación?

- **Respuesta:** El sentimiento es el núcleo de la fe y la clave para la manifestación. Es a través del sentimiento que tu conciencia se une al estado deseado. Al sentir como si el estado deseado ya fuera cierto, creas un entorno mental y emocional donde ese estado puede manifestarse. Sin el sentimiento de ya tener o ser el estado deseado, la fe permanece incompleta y la manifestación no puede ocurrir.

-

5. ¿Cómo explica el capítulo el concepto de enviar la "palabra de Dios" para sanar a un amigo o lograr un resultado deseado?

- **Respuesta:** El capítulo enseña que puedes enviar la "palabra de Dios" al imprimir en tu conciencia el estado deseado para ti o para otra persona. Para curar a un amigo o lograr un resultado deseado, imagina que escuchas a tu amigo decirte que ha logrado lo que deseas para él. Escuchas mentalmente, crees que es real y luego liberas el pensamiento. Este proceso "envía" la palabra a la expresión, lo que permite que se manifieste en la realidad. Enfatiza el poder de la creencia y el acto de escuchar mentalmente lo que quieres que sea verdad.

-

6. ¿Qué quiere decir el capítulo al decir que la fe es la "VAU" en el nombre divino JOD HE VAU HE?

- **Respuesta:** La "VAU" en el nombre divino JOD HE VAU HE simboliza el acto de unir o conectar. En el contexto de la fe, VAU representa la conexión entre la conciencia (el que desea) y el estado deseado. La fe es el vínculo que une a ambos, haciendo realidad el estado deseado. A través de la fe, sientes como si ya fueras lo que deseas ser, creando así el puente que permite que lo invisible se vuelva visible.

-

7. ¿Cuál es la importancia de vivir en la conciencia de ser ya la cosa deseada, como se describe en el capítulo?

- Respuesta: Vivir en la conciencia de ser ya lo que deseas es crucial porque crea las condiciones para la manifestación. Al encarnar plenamente el estado de tu deseo, alineas tu realidad interna con tus deseos externos. Este cambio interno de conciencia hace que el mundo exterior refleje el estado que has asumido. La clave es permanecer firme en este sentimiento hasta que se convierta en una parte natural de tu conciencia, lo que le permitirá manifestarse sin esfuerzo.

-

8. ¿Por qué es necesario "abandonarlo por completo" después de haber impreso en tu conciencia el estado deseado?

- Respuesta: Es necesario dejarlo ir por completo después de haber logrado el estado deseado, ya que significa confianza y fe en el proceso. Una vez que hayas sentido la realidad de tu deseo y lo hayas aceptado mentalmente como verdadero, dejarlo ir permite que el deseo se manifieste sin la interferencia de la duda o el exceso de pensamiento. Al soltar el deseo, demuestras una fe completa en que se hará realidad en su propio momento y a su manera, sin necesidad de mayor esfuerzo o atención.

-

9. ¿Cómo puede alguien utilizar los principios de este capítulo para superar la duda y fortalecer su fe en la manifestación de sus deseos?

- **Respuesta:** Para superar la duda y fortalecer la fe, el capítulo sugiere centrarse por completo en la sensación de ser ya lo que se desea. Al sumergirse en el estado de plenitud y confiar en el proceso, se desvía la atención de la duda. Practicar la quietud mental y reforzar la creencia de que "ya está hecho" ayuda a construir una fe inquebrantable. Además, al enviar "la palabra de Dios" a través de la escucha mental y asumir la sensación del deseo cumplido, se alinea con el resultado, permitiendo que se manifieste.

-

10. ¿Qué pasos prácticos podemos dar para desarrollar la fe "como un grano de mostaza" en la vida diaria?

- **Respuesta:** Los pasos prácticos para desarrollar la fe incluyen:
- Primero, define claramente tu deseo.

- En segundo lugar, siente mental y emocionalmente como si tu deseo ya se hubiera cumplido. Imagina vivir en el estado de tu deseo como si ya fuera realidad.

- En tercer lugar, practique el desapego de la necesidad de controlar cómo o cuándo ocurrirá. Confíe en que el proceso se desarrollará de manera natural.

- En cuarto lugar, repite el proceso de reforzar este sentimiento de realización hasta que se convierta en una parte natural de tu conciencia. Al vivir en el sentimiento del deseo cumplido, desarrollas la fe inquebrantable simbolizada por la semilla de mostaza.

CAPÍTULO NUEVE

LA ANUNCIACIÓN

El uso de la voz de un amigo para impregnarse de un estado deseable se narra maravillosamente en la historia de la Inmaculada Concepción.

Consta que Dios envió un ángel a María para anunciarle el nacimiento de su hijo. "El ángel le dijo: Concebirás en tu seno y darás a luz un hijo. Entonces María dijo al ángel: ¿Cómo será esto, puesto que no conozco varón? Respondió el ángel y le dijo: El Espíritu Santo vendrá sobre ti, y el poder del Altísimo te cubrirá con su sombra; por eso también el santo que nacerá de ti será llamado hijo de Dios. Porque para Dios nada hay imposible".

Esta es la historia que se ha contado durante siglos en todo el mundo, pero al hombre no se le dijo que estaba escrita sobre sí mismo, por lo que no ha recibido el beneficio que se pretendía darle. Esta historia revela el método por el que la idea o la palabra se hizo carne. Dios, se nos dice, germinó o engendró una idea, un hijo, sin la ayuda de otro. Luego colocó Su idea germinal en el vientre de María con la ayuda de un ángel que le hizo el anuncio y la impregnó con la idea. Nunca se registró un método más sencillo de impregnación de la conciencia que el que se encuentra en la historia de la Inmaculada Concepción. Los cuatro personajes de este drama de la creación son el Padre, el Hijo, María y el Ángel. El Padre simboliza tu conciencia; el Hijo simboliza tu deseo; María simboliza tu actitud mental receptiva; y el Ángel simboliza el método utilizado para realizar la impregnación. El drama se desarrolla de esta manera. El Padre engendra un hijo sin la ayuda de otro. Define su objetivo, aclara su deseo sin la ayuda o sugerencia de otro. Entonces el Padre selecciona a aquel ángel que está mejor cualificado para llevar este mensaje o posibilidad germinal a María. Tú seleccionas a la persona de tu mundo que se emocionaría sinceramente al presenciar el cumplimiento de tu deseo. Entonces María se entera a través del ángel de que ya ha concebido un hijo sin ayuda del hombre. Asume una actitud mental receptiva, una actitud de escucha, e imagina que oyes la voz de la persona que has elegido para que te diga lo que deseas saber. Imagina que le oyes decirte que eres y tienes lo que deseas ser y tener. Permanece en este estado receptivo hasta que sientas la emoción de haber escuchado la buena y maravillosa noticia. Entonces, como la María del cuento, te dedicas a tus quehaceres en secreto sin hablar a nadie de esta maravillosa e inmaculada autoimpregnación, confiando en que a su debido tiempo expresarás esta impresión.

El Padre genera la semilla o posibilidad germinal de un hijo, pero en una impregnación eugenésica; no transporta el espermatozoide desde sí mismo hasta el vientre materno. Lo hace nacer por otro medio. La conciencia deseante es el Padre generador de la semilla o idea. Un deseo clarificado es la semilla perfectamente formada o el hijo unigénito. Esta semilla es llevada del Padre (conciencia deseante) a la Madre (conciencia de ser y tener el estado deseado). Este cambio de conciencia lo realiza el ángel o la voz imaginaria de un amigo que te dice que ya has conseguido tu objetivo.

El uso de la voz de un ángel o de un amigo para hacer una impresión consciente es la forma más corta, segura y segura de autoimpregnarse. Con tu deseo bien definido, adopta una actitud de escucha. Imagina que estás oyendo la voz de un amigo; entonces haz que te diga (imagina que te lo está diciendo) lo afortunado y afortunada que eres por haber realizado plenamente tu deseo. En esta actitud mental receptiva estás recibiendo el mensaje de un ángel; estás recibiendo la impresión de que eres y tienes aquello que deseas ser y tener. La emoción de haber oído lo que deseas oír es el momento de la concepción. Es el momento en que te auto-impregnas, el momento en que realmente sientes que ahora eres eso o tienes eso que hasta ahora sólo deseabas ser o poseer.

Cuando salgas de esta experiencia subjetiva, tú, como la María de la historia, sabrás por tu actitud mental cambiada que has concebido un hijo; que has fijado un estado subjetivo definido y que dentro de poco expresarás u objetivarás este estado.

Este libro ha sido escrito para mostrarte cómo alcanzar tus objetivos. Aplica el principio aquí expresado y todos los habitantes de la tierra no podrán impedir que realices tus deseos.

PREGUNTAS Y RESPUESTAS DE REFLEXIÓN

1. ¿Cuál es el significado de la historia de la Inmaculada Concepción en el contexto de la conciencia y la manifestación?

- **Respuesta:** El relato de la Inmaculada Concepción es una representación simbólica de cómo la conciencia se impregna de un deseo o idea. En este contexto, María representa un estado de ánimo receptivo, y el ángel simboliza el método a través del cual una idea es transmitida a la conciencia. El relato muestra que no necesitas ayuda externa para concebir tus deseos; más bien, tu conciencia (el Padre) puede germinar una idea (el Hijo) al asumir el sentimiento de haber logrado ya el deseo, facilitado por una voz imaginaria (el ángel).

-

2. ¿Cómo funciona el concepto de utilizar un "ángel" o la voz de un amigo para manifestar deseos?

- **Respuesta:** Utilizar un "ángel" o la voz de un amigo significa imaginar que alguien cercano a ti te está diciendo que tu deseo ya se ha cumplido. Esta técnica ayuda a que el deseo se sienta más real al involucrar una voz externa en la que confías. Al imaginar a un amigo que te felicita o te dice que ya has logrado tu objetivo, creas una experiencia vívida y emocional que impresiona tu conciencia y conduce a la manifestación del deseo.

-

3. ¿Qué papel desempeñan el Padre, el Hijo, María y el Ángel en el proceso de manifestación, como se describe en este capítulo?

- **Respuesta:** En la interpretación simbólica de la Inmaculada Concepción:

-El Padre representa tu conciencia, la fuente de todas las ideas y deseos.

- El Hijo simboliza el deseo u objetivo que deseas alcanzar.

- María representa tu estado mental receptivo, abierto a dejarte impregnar por la idea.

- El Ángel simboliza el método de comunicación, específicamente utilizando la voz de un amigo o una fuente confiable para ayudar a imprimir el deseo en su conciencia.

Este proceso resalta la interacción entre un deseo claro y las técnicas mentales que lo convierten en realidad.

-

4. ¿Qué significa estar "autoimpregnado" y cómo puedes lograrlo en tu propia vida?

- **Respuesta:** Estar "autoimpregnado" significa plantar la semilla de tu deseo en tu mente subconsciente a través de la imaginación y el sentimiento. Esto lo logras definiendo tu deseo claramente, imaginando que alguien te está diciendo que tu deseo ya se ha cumplido y sintiendo la emoción de escuchar esta buena noticia. Al hacer esto repetidamente hasta que se sienta real, "concibes" el deseo en tu subconsciente, y se manifestará en tu realidad a su debido tiempo.

-

5. ¿Por qué es importante mantener privado el proceso de autoimpregnación, como lo sugiere la historia de María?

- **Respuesta:** Mantener el proceso en privado es importante porque protege la idea frágil y en desarrollo de dudas o interferencias externas. Si anuncias tus deseos o manifestaciones demasiado pronto, puedes encontrarte con escepticismo o negatividad por parte de los demás, lo que puede debilitar tu fe en el proceso. Al igual que María, que mantuvo su embarazo en secreto, es prudente mantener la confianza y la seguridad en tu trabajo interior hasta que el deseo se haya manifestado plenamente.

-

6. ¿Cómo puede alguien aplicar prácticamente el método de imaginar la voz de un amigo para manifestar un deseo específico?

- Respuesta: Para aplicar este método:

- Primero, define claramente el deseo que quieres manifestar.

- En segundo lugar, siéntate en silencio e imagina la voz de un amigo cercano o de alguien en quien confíes.

- En tercer lugar, imagina a esa persona diciéndote que tu deseo ya se ha cumplido, escuchando los detalles que quieres oír.

- En cuarto lugar, siente la emoción de haber alcanzado ya el objetivo.

- Repite este proceso hasta que lo sientas real y luego libéralo, confiando en que se manifestará en tu vida.

-

7. ¿Qué sugiere el capítulo sobre el poder de la imaginación y su papel en la manifestación?

- Respuesta: El capítulo enfatiza que la imaginación es una herramienta poderosa en la manifestación. Al usar la imaginación para escuchar y sentir vívidamente el cumplimiento de su deseo, usted imprime esta idea en su mente subconsciente, que luego trabaja para convertirla en realidad. La respuesta emocional creada a través de la imaginación es clave para plantar la semilla del deseo, lo que la convierte en una parte crucial del proceso de manifestación.

-

8. ¿Por qué el capítulo describe la voz del amigo o ángel como la "forma más segura y confiable" de quedar impregnado de sí mismo?

- **Respuesta:** La voz del amigo o ángel se describe como la forma más segura y confiable porque crea una sensación externa y convincente de realidad. Cuando escuchas a alguien en quien confías que te confirma que tu deseo se ha cumplido, se siente más real y creíble, lo que te ayuda a aceptar e interiorizar plenamente el estado deseado. Este método simplifica el proceso y hace que sea más fácil sentir la realidad de tu deseo, lo que conduce a su manifestación.

-

9. ¿Qué estado emocional debes procurar cultivar durante el proceso de autoimpregnación?

- **Respuesta:** Durante el proceso de autofecundación, debes procurar cultivar un sentimiento de alegría, satisfacción y plenitud, como si tu deseo ya se hubiera hecho realidad. La emoción de haber alcanzado tu objetivo es esencial porque refuerza la creencia de que el deseo ya es realidad. Este sentimiento ayuda a solidificar el deseo en tu mente subconsciente, lo que aumenta las posibilidades de que se manifieste.

-

10. ¿Cómo pueden utilizarse los principios de este capítulo para superar la duda y la incertidumbre en el proceso de manifestación?

- Respuesta: Los principios de este capítulo pueden ayudar a superar la duda y la incertidumbre al centrarse en el uso de la imaginación y la experiencia emocional de ya tener el deseo. Al imaginar constantemente a un amigo de confianza que confirma el cumplimiento de su deseo, evita las dudas lógicas y fortalece su creencia en el resultado. La emoción emocional del éxito refuerza la idea, haciéndola parecer más real y permitiéndole confiar en el proceso de manifestación sin la interferencia de la duda.

LIBERTAD - CONFERENCIA

Por Neville Goddard
(1968)

A la pregunta: "¿Cuál es el mayor de todos los mandamientos?" Dios respondió: "Escucha, Israel, el Señor nuestro Dios, el Señor es uno". Acepta este mandamiento. Vive según él y estarás libre de todas las causas secundarias. Sólo hay un Dios. Es el padre de todos nosotros, que está por encima de todo, a través de todo y en todo. Él es una individualidad universalmente difundida cuyo nombre por los siglos de los siglos es YO SOY. Puede que no seas consciente de quién eres, qué eres o dónde estás; pero al ser consciente, estás diciendo mentalmente Yo Soy. Todo ser consciente dice yo soy; y si sólo hay un yo soy, entonces yo soy un individuo - ¡difuso! Yo soy la única causa de todo lo que es. Todas las cosas fueron hechas a través de la imaginación, y sin conciencia no fue hecho nada de lo que fue hecho.

En el capítulo 8 de Mateo, uno de los milagros de la Escritura se registra como una parábola actuada. Se dice que cuando entró en la barca, se durmió y se levantó una gran tempestad; entonces le despertaron diciendo: "Señor perecemos, sálvanos". Y él respondió: "¿Por qué tenéis miedo, hombres de poca fe?". Entonces se levantó y reprendió al viento y al mar, y se produjo una gran calma. Si sólo hay una causa, entonces el que calmó el viento y el mar es el causante de la tempestad. No puede haber otra. Si hay confusión en tu vida y la resuelves con tu imaginación, y el mundo es testigo de lo que has hecho, tú has provocado el cambio. Y como no hay otra causa, ¿no causaste tú también la confusión? Sólo hay un Dios y Padre de todos nosotros que está por encima de todo, a través de todo y en todo. Si Él está en cada ser que dice yo soy, y sólo hay un Dios, nadie puede acusar a otro; porque el nombre de Dios no es él es, sino yo soy. No importa lo que aparezca en el exterior, Yo soy su causa. Asume plena responsabilidad por las cosas que observas, y si no te gusta lo que ves, sabe que tienes el poder de cambiarlas. Entonces ejerce ese poder y observarás el cambio que has causado. Si realmente estás dispuesto a asumir esa responsabilidad, serás libre.

Si esta individualidad universal difusa está en todos, entonces la encarnación debe considerarse bajo una luz diferente. Nos enseñaron que la encarnación tuvo lugar hace 2000 años por un individuo único, que era el Dios encarnado. Pero yo os digo: la humanidad es la encarnación. La figura central -personificada como Jesucristo- es la figura arquetípica perfecta que todos deben expresar. Se le llama el verdadero testigo, el primogénito de los muertos. Ahora encarnado en su cuerpo de carne y hueso, está muerto en el sentido de que ha olvidado que es el creador de todas las cosas, y no se ve a sí mismo creando nada de lo que observa. El periódico de la mañana habla de lo que ella, él y ellos están haciendo, y tú no puedes relacionar sus acciones con nada que tú hayas hecho; sin embargo, sólo hay una causa, sólo hay un Dios, que reside en ti como tu conciencia, tu propia y maravillosa imaginación humana.

La parábola nos dice que Dios entró en una barca y se durmió. La humanidad es esa barca, el arca donde Dios Padre crea mientras duerme. Aunque no conozcas a las personas sobre las que lees, si la lectura te perturba, tú eres la causa de ese conflicto. Toda imaginación, estoy soñando, causando la desgracia y la infelicidad de aquellos cuyas vidas he tocado con el sentimiento. Cuando despiertas y recuerdas tu sueño, ¿conoces siempre a las personas que están allí? ¿Conoces a los niños que eran tuyos en el sueño? ¿Las personas que te asustaron? Nunca los habías visto antes, así que ¿cómo podrían ser otra cosa que lo que tú provocaste? No los reconoces y, sin embargo, tú -el soñador- les causaste lo que hicieron. Lo mismo ocurre en este caso. Si las acciones de un aparente otro provocan una respuesta motora en ti, aunque no lo conozcas, tu conciencia es la causa de la tormenta. Pero cuando despiertes, volverá la memoria y habrá una calma maravillosa.

Dios, la individualidad universalmente difusa, está dormido en todos. Su revelación trascendente se personifica en uno llamado Jesucristo. Esta personificación despierta en ti el recuerdo de quién es realmente Dios Padre. Dios no dividió el Yo soy y dio a cada uno de nosotros una porción de sí mismo. Dio a cada uno, individualmente, todo su ser. Yo soy no puede ser dividido, y Yo soy Dios Padre. Si aún no has descubierto esto, es que todavía estoy dormido. Para descubrir tu paternidad, debes encontrar al hijo de Dios, predicho para ser tuyo. Mientras duermes en el estado de Saulo, no le reconoces; y cuando le preguntas: "¿De quién eres hijo, joven?", responde: "Soy el hijo de Jesé, el que soy". Cuando despiertas y reconoces al hijo de Dios, David, ¿no eres tú Jesé? ¿No eres tú Dios, cuyo nombre por los siglos de los siglos es Yo soy?

Hace falta que David te revele a ti mismo; sin embargo, ya eras su padre antes de dormirte. Ahora que sueñas con tu vida, luchas contra otros aparentes, llamándoles demonios y Satanás. Dotas a tu mundo de sombras de causalidad, convirtiéndote así en un ser dividido, cuando Dios no está dividido. No hay diablo. No existe Satanás. No hay ningún ser fuera de tu maravillosa imaginación humana.

" Yo, incluso yo soy él. Mato y doy vida. Yo hiero y yo curo y nadie puede librar de mi mano". (Deut. 52) "Yo soy el Señor y no hay otro Dios. Yo formo la luz y creo las tinieblas. Yo hago el bien y yo creo el mal. Yo soy el Señor y no hay otro; fuera de mí no hay Dios". (Isaías 45) El que crea el mal, crea el bien, el bien y el mal, la luz y las tinieblas. El que mata es el que da vida, y el que hiere es el que cura y no hay otro Dios. Si realmente crees que eres tú de quien se habla aquí -que eres tú quien crea el mal, el bien, el bien y el mal; que nadie puede librarte de tu mano- entonces eres libre. Nunca más creerás en otro, sino que sabrás que tu vida es creada por ti mismo. Que tú creas las tormentas, así como la paz y la calma. Ya no creerás que él, ella o ellos lo hicieron, porque los reconocerás como reflejos que reflejan la tormenta o la paz y la calma dentro de ti.

Tras entrar en la barca (llamada arca), Dios se durmió y allí permaneció hasta que la paloma le avisó de que el diluvio de la ilusión había terminado. Dramatizada como una parábola, se dice que Noé extendió la mano y metió a la paloma en el arca con él. Es una imagen hermosa y verdadera. En mi visión, la paloma descendió a través de lo que parecía ser agua cristalina. Parecía flotar, usando sus alas como un cisne. Alumbrando sobre mi dedo extendido me asfixió con besos mientras la visión llegaba a su fin.

Porque todos son el Dios entero, todos personificarán al perfecto espécimen arquetípico llamado Jesucristo. Perdidos en la confusión, sin saber que la humanidad es la encarnación, los hombres piensan que este espécimen arquetípico es el Dios encarnado. Sin embargo, el único gran mandamiento es: "Escucha Israel, el Señor nuestro Dios, el Señor es uno". La palabra Israel significa: el hombre que gobierna - no como un dios, sino como Dios, porque sabe que es Dios. Y la palabra traducida Señor es YO SOY. Ahora permítanme traducirlo para ustedes: Escucha, oh hombre que gobiernas como Dios, el YO SOY, nuestro YO SOY es un YO SOY. No somos un montón de pequeños yo soy. Nuestro YO SOY es el único YO SOY que es Dios Padre. Si esto es verdad, entonces Dios no puede ser dividido; y la totalidad de Él está dondequiera que tú estés, dondequiera que yo esté. En el Yo soy no hay él, ella o ellos.

Si aceptas esto por completo, te liberarás. Puede que no veas inmediatamente el efecto de lo que has hecho en tu imaginación; pero tiene que llegar, porque no hay otro creador que lo detenga. Todas las cosas se hacen a través de la conciencia, y sin ella no se hace nada de lo que se hace. Es la imaginación quien afirma: "Mato y hago vivir, hiero y curo. Formo la luz y creo la oscuridad. Formo el mal y hago el bien, el bien y el mal, y no hay otro".

Cuando los jesuitas hablan de Satanás, diablos y demonios, es porque no conocen el mayor mandamiento. Todos los Diez Mandamientos se basan en el "no harás" negativo, excepto uno, que es: "Amarás a tu padre y a tu madre". El mandamiento que se encuentra en el capítulo 6 de Deuteronomio, con diez palabras, contiene todos los Diez Mandamientos en una presentación totalmente diferente como: "Escucha, Israel, el Señor nuestro Dios, el Señor es uno".

Tal vez ahora no puedas aceptar mis palabras. Tal vez sientas la necesidad de culpar a otro - de tener un chivo expiatorio y creer que la causa es algo que comiste o bebiste - pero ¿por qué lo hiciste? ¿Qué te llevó a hacer exactamente lo que hiciste? Una perturbación en ti. La perturbación en ti hizo que la glándula se desajustara. La glándula no puede ser la causa de tu angustia, pero tu sueño sí. El mundo, al no conocer la causa única, tratará de encontrar algo en el exterior; ¡pero no hay causa secundaria!

Esta semana recibí una carta de una señora que compartía este sueño auto-revelador, diciendo: "Estoy en un lugar totalmente desprovisto de comodidades. No hay cortinas en las ventanas ni alfombras en el suelo. Mis hijos -con monos limpios- están sentados en sillas de respaldo recto contra una pared, mientras que mis hijas -con vestidos de algodón largos y almidonados- están frente a ellos. Con un aspecto muy parecido al de los niños cuáqueros de aquí, mis hijos parecen carecer de emociones, sentimientos o capacidad creativa. ¡Estamos esperando a papá! Entra un niño con un mensaje que dice que el trabajo que había que hacer en los niños ha terminado y que, por lo tanto, el padre no va a volver. "Entonces la escena cambia y nos encontramos en una granja. Miro por la ventana y veo campos de grano dorado maduro para la cosecha. Mi hijo mayor, ahora radiante de felicidad, entra corriendo en la casa exclamando que, por primera vez, ha creado para sí mismo. Su entrada fue como magia, transformando la habitación, ya que todos mis hijos empezaron a utilizar sus talentos: creaban, reían, estaban animados y vivos. Antes, como autómatas, sólo habían obedecido al padre ejecutando su voluntad; pero ahora que su obra ha terminado, él se ha retirado, y ellos se han convertido en creadores por sí mismos.

Qué hermosa experiencia. Vio el mundo en miniatura. La retirada del padre se registra como su muerte. Él nos dice: "Si yo no muero, tú no puedes vivir; pero si muero, resucitaré y tú conmigo. Un poco de tiempo y ya no me verás; de nuevo un poco de tiempo y me verás como a ti mismo". Habiéndote retirado para habitar en tu interior, es desde allí desde donde te mueves, y no desde fuera. Todo lo que yo -el padre- soy, tú sabrás que lo eres. Si Dios es el padre de toda vida, entonces tú eres el padre. Si él es un creador, tú eres un creador. Todo lo que Dios es, tú sabrás que lo eres.

Ahora, Dios sale del desierto con señales y prodigios. El signo más destacado es el de la serpiente ardiente, pues todo el que la ve, vive. Al comenzar tu viaje fuera de Egipto, la serpiente ardiente se libera cuando la cortina se rasga de arriba abajo y todas las rocas se parten. Estáis destinados a cumplir las escrituras y, como yo, sabéis por experiencia personal que sois Dios Padre. He compartido mis visiones contigo, diciéndote lo verdadera y maravillosa que es realmente la historia de las escrituras y que sólo hay un camino de salvación. Aunque se han escrito innumerables volúmenes dándote muchas formas de redención, sólo hay una. Yo soy el camino, y no hay otro camino.

Mateo cuenta la historia de su despertar de forma dramática. Afirma que "ellos" despertaron diciendo: "Señor, perecemos, sálvanos". Es el viento sobrenatural el que te despierta, y tú eres su causa. Despertando dentro de tu barca (tu arca) la dejas atrás al entrar en un mundo completamente diferente como Dios Padre. Habiéndote impuesto a propósito la restricción de la muerte, sabiendo que tenías el poder y la sabiduría para vencerla, te acostaste y te dormiste en el arca. Y cuando se cumple el tiempo, despiertas dentro de esa arca, sales y presencias el simbolismo de tu nacimiento de lo alto. Unos meses más tarde cumples el Salmo 89 cuando encuentras a David y vuelve tu memoria.

En el Libro de Samuel, Saúl (el rey demente) hizo una promesa a cualquiera que derribara al gigante que se oponía a Israel, de que liberaría a su padre. (Esto se hace descubriendo al padre del hijo.) Así que Saúl le pide a David que identifique a su padre, y David dice: "Yo soy el hijo de Jesé, el YO SOY". Así que el padre es liberado cuando David derriba al gigante, que -en tu sueño de muerte- se te opone, y tu memoria regresa en cuanto a quién eres realmente.

Aunque respondo a un nombre terrenal y firmo mis cheques con él, ¡sé quién soy! Puedo decirte quién soy con la esperanza de que me creas; pero en verdad, sólo me dirijo a mí mismo, porque yo estoy en ti y tú estás en mí, y somos uno. Todos tendremos la misma experiencia y al final todos volveremos a un solo cuerpo, un solo Espíritu, un solo Señor y un solo Dios y Padre. Todos volveremos de la marcha victoriosa a través de la muerte como el mismo Dios, pero expandidos más allá de nuestros sueños más salvajes debido a esta excursión de la mente a un mundo de muerte que parecía tan definitivo. No puedo prometerte que, si aceptas esto al cien por cien, mañana no te dolerá la cabeza, o que el jefe no te despedirá. Pero si lo aceptas, sabrás que tu jefe no tuvo elección en el asunto. Sabrás que tú provocaste el despido. Tal vez tus sueños trascendían tu limitada posición actual en esa empresa, y sólo siendo despedido pudieron hacerse realidad.

Un día me despidieron de J. C. Penney Co. Trabajando durante año y medio, manejando su ascensor y siendo su chico de los recados, ganando 22 dólares a la semana y pagando 5 dólares de alquiler de una habitación, no podía entender que me despidieran. Pero mis sueños, mis deseos, trascendían mi posición allí, así que tuvieron que hacer lo que hicieron para que mis deseos se hicieran realidad. Créeme, tú eres la causa de los fenómenos de tu vida, ya sean buenos, malos o indiferentes. Si para ti las noticias son desagradables, tú eres el soñador de esa tormenta desagradable. Pero llegará el día en que te despertarás para descubrir que la tormenta ha terminado. Que sólo hay una causa, ¡y es la conciencia! Sé que es más fácil dar consejos y mostrar a la otra persona en qué se equivoca, que reconocer que sólo está reflejando el error en ti. Es difícil aceptar el concepto de que el mundo es testigo de tus pensamientos, pero es cierto. Si no te gusta algo o alguien, no lo mires a él o a ellos; mira en tu interior a quien está causando la imagen.

Sólo hay un Dios, una causa de toda la vida. No sólo está por encima de todo y a través de todo; está en todo. La individualidad universalmente difundida está en cada uno de nosotros en su plenitud. Habitando en cada individuo corporalmente, el padre duerme hasta que pasa la tormenta. Entonces despierta y reprende la tormenta que creó durante su sueño, y se produce una gran calma. Si aceptas esto como tu filosofía de vida, y no te vuelves ni a la izquierda ni a la derecha, sino que afirmas que eres el único responsable de los fenómenos de tu vida, te resultará mucho más fácil vivir. Pero si, a veces, la vida te parece demasiado dura de soportar, y encuentras una causa secundaria, habrás creado un demonio. Los demonios y los satanes se forman a partir de la falta de voluntad del hombre para asumir la responsabilidad de su vida. Ver a otro distinto de uno mismo, es construir una imagen dorada. Pedir perdón a un sacerdote. Llamarle padre a pesar de que se le ha dicho que no llame padre a ningún hombre en la tierra. Viéndolo como una autoridad, el hombre se prostituye tras una falsa imagen hecha por el hombre.

¿Qué valor tiene para ti la libertad? Si te detienes ante lo último, no quieres realmente la libertad. Si estuvieras esclavizado, ¿qué tienes que no darías voluntariamente -en su totalidad- para ser liberado? ¿Crees realmente que sólo hay un Dios, que está en ti en su totalidad, y su nombre es Yo soy? Lo haces, aunque hayas olvidado quién eres, dónde estás, o que tienes un hijo; un día el viento te despertará durante una tormenta, y al salir del arca la tormenta amainará. Entonces volverá la memoria, cuando el que siempre ha sido tu hijo se ponga delante de ti y te llame padre, mientras las escrituras se despliegan en tu interior; y entonces sabrás que la historia eterna siempre estuvo ahí. Era un libro sellado hasta que se desplegó desde dentro.

Deja que el mundo permanezca en la tormenta si quiere, pero si aceptas mis palabras serás liberado de cualquier causa secundaria, y tú que has estado causando tu tormenta encontrarás la paz y serás verdaderamente liberado.

Ahora entremos en el silencio.

PREGUNTAS Y RESPUESTAS DE REFLEXIÓN

1. ¿Qué significa cuando Neville afirma: "Sólo hay un Dios"?

- **Respuesta:** Esta afirmación nos invita a reconocer que nuestra verdadera esencia, el "YO SOY", no está separada de lo divino. Este Dios, o conciencia universal, habita en cada persona, manifestándose como nuestra propia conciencia. Abrazar esta perspectiva significa comprender que somos responsables de todo en nuestra experiencia porque somos creadores a través de nuestra conciencia.

-

2. ¿Por qué Neville utiliza la analogía de Jesús calmando la tormenta para ilustrar sus enseñanzas?

- **Respuesta:** En esta parábola, la tormenta representa la agitación interior, los miedos y los conflictos que creamos en nuestras vidas. Jesús calmando la tormenta significa el poder dentro de cada persona para traer paz a las circunstancias de su propia vida ejerciendo control sobre sus pensamientos y emociones. Cuando nos damos cuenta de que somos los creadores tanto de la tormenta como de su calma, comprendemos que la paz está a nuestro alcance.

-

3. ¿Cómo refleja la historia del padre en el sueño el concepto de Neville sobre la responsabilidad individual y la libertad?

- **Respuesta:** En el sueño, la partida del padre permite a los niños empezar a crear por sí mismos, simbolizando el cambio de la dependencia de fuerzas externas al descubrimiento del poder interior. Esto sugiere que la verdadera libertad se encuentra cuando ya no dependemos de factores externos, sino que reconocemos nuestra capacidad para crear y dar forma a nuestras experiencias de forma independiente.

-

4. ¿Por qué Neville enfatiza la frase "YO SOY"?

- **Respuesta:** La frase "YO SOY" es central porque significa el reconocimiento de la propia naturaleza e identidad divina. En el contexto bíblico, "YO SOY" es el nombre de Dios, indicando que reconocer "YO SOY" dentro de uno mismo es aceptar la propia unidad con el poder divino y creativo. Esta toma de conciencia conduce a la liberación, ya que uno comprende que es a la vez la causa y el controlador de su vida.

-

5. ¿Qué papel juega la autorresponsabilidad en el logro de la libertad, según Neville?

- **Respuesta:** Neville enseña que asumir plena responsabilidad por nuestros pensamientos, emociones y circunstancias conduce a la verdadera libertad. Al comprender que somos los creadores de todas nuestras experiencias de vida, nos liberamos de la ilusión de la causalidad externa. Aceptar que no hay causas secundarias o fuerzas externas en control nos empodera para cambiar nuestro estado interior, transformando así nuestra realidad.

-

6. ¿En qué difiere la interpretación de Neville de las escrituras de los puntos de vista tradicionales?

- **Respuesta:** Neville interpreta las escrituras como simbólicas, centrándose en el despertar espiritual personal más que en acontecimientos históricos. Ve a personajes y acontecimientos, como Jesús y David, como representaciones de verdades espirituales dentro de cada individuo. Esta interpretación cambia el enfoque de la adoración externa a la realización interior de la propia divinidad y la responsabilidad por la creación.

-

7. ¿Cuál es el significado de "el Padre durmiendo en el arca" en este contexto?

- **Respuesta:** El Padre durmiendo en el arca simboliza la conciencia divina dormida dentro de cada persona. El arca (o barca) representa el cuerpo humano y la vida, con Dios, o el "YO SOY", siendo temporalmente inconsciente de su poder mientras experimenta la vida humana. Cuando esta conciencia "despierta", recuerda su naturaleza creadora y reconoce su papel en la configuración de la realidad.

-

8. ¿Cómo podemos aplicar la enseñanza de Neville sobre "la tormenta y la calma" en nuestra vida diaria?

- **Respuesta:** Al reconocer que nuestro estado interior afecta directamente a nuestra experiencia externa, podemos calmar activamente nuestras "tormentas" (ansiedades, conflictos) centrándonos en la paz interior. Podemos practicar la atención plena, la afirmación positiva y la visualización para cambiar nuestro estado mental y transformar así nuestras circunstancias. Esta aplicación diaria ayuda a cultivar el empoderamiento personal y la tranquilidad interior.

-

9. ¿Cómo podría ser en la práctica "liberarse de las causas secundarias"?

- **Respuesta:** Liberarse de las causas secundarias significa comprender que nada externo tiene control sobre nuestra experiencia: nuestras reacciones, creencias y conciencia determinan todos los resultados. En la práctica, esto se traduce en una mentalidad de responsabilidad por nuestras respuestas a los acontecimientos de la vida, lo que nos permite afrontar los retos sin culpar a nadie ni convertirnos en víctimas. Esta libertad nos permite crear conscientemente en lugar de reaccionar.

-

10. ¿Qué sugiere Neville que es la revelación última para cada persona?

- **Respuesta:** Neville propone que cada persona finalmente despierta a la realización de que es uno con Dios, el creador divino, a través del autoconocimiento y la experiencia espiritual personal. Este despertar está marcado por el reconocimiento de la propia identidad como "YO SOY" y la comprensión de que toda la creación se origina en el interior. Esta revelación conduce a la liberación de las ilusiones de separación, mostrándonos que somos inherentemente creadores divinos.

TEMAS CLAVE

LA UNIDAD DE DIOS Y EL HOMBRE

En la sección titulada La Unidad de Dios y el Hombre, el libro comienza introduciendo la idea de que la humanidad y Dios están fundamentalmente unidos. Destaca la creencia de que la conciencia humana es inherentemente divina, y que cada individuo representa una manifestación de la esencia de Dios. Este concepto constituye la base del mensaje del libro, que sugiere que, al reconocer esta unidad, la persona adquiere la capacidad de moldear activamente su realidad. El texto afirma que toda experiencia o circunstancia externa en la vida de un individuo no es aleatoria ni arbitraria, sino que es un reflejo directo de sus estados de conciencia internos. Al comprender y abrazar la unidad entre Dios y el hombre, una persona puede darse cuenta de que sus pensamientos, creencias y emociones tienen el poder de influir y manifestar el mundo que le rodea. Este tema central refuerza el potencial transformador de alinear la propia conciencia con lo divino, desbloqueando así la fuerza creativa que gobierna tanto el mundo interior como el exterior.

-

LA CONCIENCIA COMO REALIDAD

En la sección que aborda la Conciencia como Realidad, Neville Goddard enfatiza su creencia central de que la conciencia es la realidad última, la fuente fundacional de la que surge toda la creación. Sostiene que el mundo que los individuos experimentan en su vida diaria no es una realidad independiente u objetiva, sino más bien una proyección directa de sus creencias, pensamientos y emociones internas. Esto significa que las circunstancias, los acontecimientos y las condiciones externas con las que se encuentran las personas no son más que reflejos de sus estados internos de conciencia.

Según Goddard, esta concepción hace recaer una inmensa responsabilidad en el individuo, ya que sugiere que cualquier cambio que desee ver en su mundo exterior debe comenzar en su interior. Enseña que alterando el estado interno -cambiando la forma de sentir, pensar y creer sobre uno mismo y el mundo- la persona puede transformar su realidad externa en consecuencia. Este proceso requiere un profundo conocimiento de uno mismo y darse cuenta de que el mundo exterior refleja el interior. La afirmación de Goddard subraya un principio espiritual y metafísico clave: que el cambio y la creación verdaderos se producen de dentro a fuera, y que dominar la conciencia interior es la clave para dominar la vida.

-

EL PODER DEL "YO SOY

En la sección titulada El Poder del "YO SOY", Neville Goddard introduce uno de los conceptos más fundamentales de sus enseñanzas: el profundo significado espiritual de la frase "YO SOY". Afirma que esta frase es más que una simple declaración de existencia; es una alineación con el poder divino. Goddard explica que al afirmar la frase "YO SOY" y acompañarla de un estado o atributo deseado, las personas se conectan con la fuerza creativa del universo, alineándose así con la esencia misma de Dios.

Subraya que las palabras "YO SOY" representan el nombre de Dios, y cuando los individuos utilizan esta frase con intención, invocan la misma energía creativa que trajo el mundo a la existencia. Esta afirmación consciente de "YO SOY" permite a la persona hacer realidad sus deseos, ya que es a través de esta declaración como define y encarna las cualidades que desea manifestar en su vida. Tanto si uno afirma "YO SOY sano", "YO SOY próspero" o "YO SOY amado", Goddard enseña que el simple pero poderoso acto de identificarse con el estado deseado pone en marcha el proceso de manifestación.

Para Goddard, la frase "YO SOY" es la clave para desbloquear el potencial de la creación consciente, ya que conecta directamente al individuo con la fuente de toda creación: la conciencia divina de Dios. Este principio está arraigado en la creencia de que todo lo que sigue a las palabras "YO SOY" se convierte en verdad para el individuo, reforzando la idea de que los pensamientos, las creencias y las afirmaciones dan forma a la propia experiencia de la realidad. De este modo, Goddard pone el poder de la creación divina al alcance de cada individuo, accesible mediante el uso consciente del "YO SOY".

-

LA LEY DE LA CREACIÓN

En la sección titulada La Ley de la Creación, Neville Goddard presenta una interpretación simbólica de la historia bíblica de Noé y sus tres hijos, utilizándolos como metáforas para ilustrar las etapas de la creación. Según Goddard, cada uno de los hijos de Noé -Sem, Cam y Jafet- representa una fase específica en el proceso de llevar los deseos a la manifestación física. Sem, el primer hijo, simboliza el deseo, la chispa o idea inicial que un individuo desea hacer realidad. Es la etapa en la que una persona define lo que quiere o imagina para su vida.

Cam, el segundo hijo, encarna la etapa del sentimiento, que Goddard identifica como el elemento más crítico en el proceso creativo. Aquí subraya que no basta con tener un deseo; el individuo debe conectar emocionalmente con él. Sentir la realidad del deseo como si ya se hubiera cumplido es lo que tiende un puente entre el deseo interno y su manifestación externa. Cam representa este compromiso emocional vital, en el que la persona se convence internamente de que su deseo es real, a pesar de no verlo todavía físicamente.

El tercer hijo, Jafet, representa la fase final de la manifestación física. Una vez que el deseo (Sem) se ha sentido profundamente y se ha creído en él (Cam), acaba materializándose en el mundo exterior, simbolizado por Jafet. Goddard enseña que la creación sigue esta progresión natural: desde la formación del deseo, pasando por el sentimiento de su realidad, hasta su eventual expresión en el mundo físico.

Esta interpretación de la historia de Noé subraya la importancia de alinear el estado emocional interior con el resultado deseado. Goddard insiste en que, sin el estadio del sentimiento, los deseos permanecen inmanifestados. La clave de la creación, según explica, reside en sentir conscientemente el cumplimiento de un deseo antes de que se convierta en una realidad tangible, completando así el ciclo de la creación. A través de este marco simbólico, Goddard revela que el proceso de creación no es sólo un acto místico, sino un mecanismo práctico y psicológico que cualquiera puede aplicar para dar forma a su vida.

-

EL SECRETO DEL SENTIMIENTO

En la sección titulada El Secreto del Sentimiento, Neville Goddard destaca un aspecto fundamental de sus enseñanzas: el papel central que desempeña el sentimiento en el proceso de manifestación. Según Goddard, aunque visualizar un resultado deseado es importante, no basta por sí solo para provocar un cambio físico o una realización. Sostiene que el verdadero poder creativo reside en la experiencia emocional asociada a ese deseo. En concreto, enseña que hay que ir más allá de la mera imaginación y sentir activamente como si el resultado deseado ya se hubiera conseguido.

Goddard afirma que esta convicción emocional, la sensación interior de vivir ya en la realidad del deseo cumplido, es lo que tiende el puente entre el mundo interior de la imaginación y el mundo exterior de la manifestación física. Al cultivar una creencia profunda y sincera de que lo que uno busca ya se ha hecho realidad, el individuo alinea su conciencia con el estado deseado. Esta alineación, a su vez, activa el poder creativo interior, poniendo en marcha el proceso de manifestación.

Para Goddard, el sentimiento es el ingrediente secreto que transforma una imagen mental en una realidad tangible. Enseña que cuanto más fuerte y genuino sea el sentimiento de tener o ser lo que uno desea, más rápida y seguramente aparecerá en el mundo físico. Esto se debe a que el sentimiento es el mecanismo a través del cual la mente subconsciente se impresiona, y es el subconsciente el que en última instancia da forma a las experiencias y el entorno de uno.

La clave de este concepto es que no basta con pensar o imaginar un deseo, sino que hay que encarnar plenamente el estado emocional de la experiencia deseada. Goddard subraya que el sentimiento de plenitud debe ser tan real y estar tan presente que supere cualquier sensación de carencia o separación del resultado deseado. De este modo, el sentimiento se convierte en el catalizador que transforma los deseos invisibles en realidad visible, subrayando la profunda importancia de la creencia emocional en el proceso de manifestación.

-

LA FE Y EL GRANO DE MOSTAZA

En la sección titulada La fe y el grano de mostaza, Neville Goddard profundiza en la naturaleza de la fe, utilizando la analogía bíblica del grano de mostaza para transmitir su comprensión de este concepto vital. Contrariamente a la interpretación común de que un grano de mostaza representa una pequeña cantidad de fe, Goddard aclara que el grano de mostaza simboliza una creencia inquebrantable y absoluta en un resultado deseado. Explica que la verdadera fe no tiene que ver con la cantidad de creencia, sino con la calidad y la certeza de la propia convicción.

Para Goddard, la fe significa vivir con la plena convicción de que el estado o resultado deseado ya existe, aunque todavía no sea visible en el mundo físico. Es un conocimiento interior que trasciende las apariencias y las dudas. Al igual que el grano de mostaza está totalmente centrado en convertirse en lo que está destinado a ser -sin vacilaciones ni contradicciones-, una persona también debe tener un enfoque singular en la realización de su deseo. Esta creencia inquebrantable le permite a uno permanecer mental y emocionalmente alineado con el resultado deseado, independientemente de las circunstancias externas.

Goddard enseña que la fe implica entrar en un estado de conciencia en el que el individuo ya siente y cree ser aquello en lo que desea convertirse. Es una convicción profunda e interna de que la realización del deseo es inevitable y ya está presente en el reino espiritual o mental. Al aferrarse a esta convicción, el individuo planta la semilla de su realidad deseada, que crecerá y se manifestará en el mundo físico a su debido tiempo.

La analogía de la semilla de mostaza, utilizada por Goddard, subraya el poder de la fe pura y enfocada. Sugiere que incluso una pequeña semilla de creencia, cuando es absoluta e inquebrantable, tiene el potencial de mover montañas, transformando lo imposible en posible. De este modo, la fe no es una esperanza pasiva, sino una convicción activa y viva que moldea la realidad desde dentro, garantizando que el resultado deseado se hará realidad.

-

EL SÁBADO COMO DESCANSO MENTAL

En la sección El Sabbat como descanso mental, Neville Goddard ofrece una interpretación reimaginada del concepto bíblico del Sabbat, presentándolo no como un día de descanso físico, sino como un estado de reposo mental que sigue al proceso creativo. Según Goddard, el Sabbat representa el periodo de quietud mental y emocional que se produce después de haber afirmado un deseo y sentido profundamente su realidad. Una vez que una persona se ha comprometido plenamente con su deseo, lo ha visualizado y ha sentido su presencia como si ya se hubiera cumplido, el siguiente paso fundamental es entrar en un estado de reposo mental, confiando en que el resultado deseado se manifestará de forma natural.

Goddard subraya que este descanso mental, o Sabbath, es una parte vital del proceso creativo. Enseña que, al igual que el descanso físico sigue a seis días de trabajo, el descanso mental debe seguir al acto de creación consciente. Este descanso implica dejar de lado cualquier ansiedad, duda o necesidad de controlar el resultado. Es un periodo de paz interior y fe, durante el cual el individuo confía en que el deseo se cumplirá a su debido tiempo. Al liberarse de la necesidad de "hacer" que se produzca la manifestación, la persona permite que el flujo natural de la creación se desarrolle sin interferencias.

Este estado de reposo es crucial porque significa un cambio completo de conciencia, una transición del deseo a la realización. Goddard afirma que seguir insistiendo en el deseo o preocuparse por cómo se materializará sólo interrumpe el proceso. En cambio, la verdadera fe requiere entrar en el Sabbat, donde el individuo se siente seguro sabiendo que su afirmación ya está funcionando bajo la superficie, y que la manifestación es inevitable.

En opinión de Goddard, el Sabbat es una forma de embarazo mental, un periodo de gestación durante el cual el resultado deseado se nutre y se desarrolla en los reinos invisibles de la conciencia antes de tomar forma física. Al igual que una semilla necesita tiempo para crecer después de ser plantada, un deseo también necesita tiempo para manifestarse después de haber sido afirmado y sentido. El Sabbath es este tiempo de espera, durante el cual uno descansa en la seguridad del éxito, permitiendo que el proceso creativo se complete de forma natural y sin tensiones.

Al reinterpretar así el Sabbat, Goddard subraya la importancia de la fe y la paciencia en el proceso de manifestación. El descanso mental que preconiza no es pasivo, sino un estado activo de confianza en que el deseo se manifestará cuando llegue el momento. Esta reinterpretación anima a las personas a reconocer que, una vez realizado el trabajo de sentir y afirmar, el descanso no sólo es beneficioso, sino necesario para completar el ciclo creativo.

-

LA CURACIÓN A TRAVÉS DE LA CONCIENCIA

En la sección La curación a través de la conciencia, Neville Goddard introduce un enfoque metafísico del concepto de curación, centrándose en el poder de la conciencia para transformar las condiciones físicas y externas. Enfatiza que la clave de la curación no reside en remedios o acciones externas, sino en un profundo cambio interno en el propio estado mental. Al alinear la conciencia con un estado de salud, vitalidad y bienestar, Goddard enseña que una persona puede provocar los cambios correspondientes en su estado físico, incluida la curación de enfermedades.

Goddard presenta esta idea a través de la lente del simbolismo bíblico, en particular haciendo referencia a la historia de la purificación de los leprosos, como se encuentra en la Biblia. Goddard interpreta estas historias no como hechos literales, sino como alegorías que revelan verdades más profundas sobre la conexión entre la conciencia y la realidad física. En el relato bíblico, la lepra, una aflicción física, se cura mediante un proceso espiritual, y Goddard lo utiliza para ilustrar cómo los estados internos -creencias, emociones y autoconceptos- son las verdaderas causas tanto de la enfermedad como de la salud.

Según Goddard, la curación comienza cuando un individuo cambia su autoimagen interna de enfermedad o limitación a una de salud y plenitud. Sostiene que las condiciones físicas son manifestaciones de creencias o estados emocionales profundamente arraigados, y que al cambiar esos estados internos, la condición externa debe seguir. De este modo, se alinea con la idea de que la conciencia crea la realidad, y la salud no es una excepción. Cuando una persona cree y siente plenamente que está sana, activa la mente subconsciente para que se produzca la curación física.

El documento destaca la importancia de la alineación mental y emocional con el estado del ser deseado. Goddard anima a las personas a no centrarse en la enfermedad en sí, sino en la sensación de estar ya curadas. Al sumergirse en este estado de salud a través de la visualización y el sentimiento, pueden remodelar su realidad física para reflejar ese cambio interno. Este enfoque de la curación a través de la conciencia se basa en el poder de la fe y la convicción interior, sugiriendo que la mente tiene el poder último de curar el cuerpo.

A través de estas enseñanzas, Goddard proporciona un marco espiritual para entender la curación como un proceso de dentro hacia fuera. Sugiere que cualquiera puede acceder a este poder curativo desviando conscientemente su atención del problema hacia la solución, confiando en el poder creativo de su propia conciencia para lograr la transformación deseada. Este enfoque metafísico ofrece un método de curación que trasciende las intervenciones físicas y se adentra en los principios espirituales más profundos de la creación y la manifestación.

-

EL DESEO COMO PALABRA DE DIOS

En la sección titulada El Deseo como Palabra de Dios, Neville Goddard presenta la idea de que los deseos humanos son mucho más que deseos fugaces o inclinaciones aleatorias; por el contrario, son mensajes o profecías divinas. Goddard enseña que estos deseos se originan en una fuente superior, representando lo que es posible que un individuo experimente en su vida. En lugar de descartar los deseos como meros caprichos o coincidencias, subraya que son expresiones de la propia naturaleza divina, que señalan el potencial de realización y manifestación.

Según Goddard, los deseos no deben limitarse, suprimirse ni modificarse en función de condiciones o dudas externas. Aconseja a las personas confiar en sus deseos tal y como son, reconociéndolos como una forma de comunicación de su propia conciencia, que está alineada con lo divino. En este contexto, los deseos sirven de guía, indicando lo que uno es capaz de lograr o experimentar en el mundo. Al reconocer los deseos como la "Palabra de Dios", Goddard subraya que esos deseos llevan en sí mismos el proyecto de su propia realización.

Goddard advierte además del peligro de interferir en el desarrollo natural de los deseos. Enseña que, a menudo, las personas cometen el error de dudar de sus deseos o de intentar racionalizar cómo podrían realizarse, diluyendo así su poder. En cambio, anima a las personas a aferrarse a sus deseos, confiando en el proceso divino y permitiendo que la manifestación se produzca sin pensar demasiado ni imponer limitaciones. Este acto de confiar y permitir es clave para dejar que los deseos se desplieguen en su forma más pura, sin la interferencia de dudas, miedos u opiniones externas.

Para Goddard, la aceptación de los deseos como profecías divinas también significa abrazar la creencia de que si un deseo existe dentro de una persona, es posible que ese deseo se realice. Goddard subraya que los deseos están en consonancia con la verdadera naturaleza y las capacidades de cada persona, y que deben conducirla hacia la realización de su máximo potencial. Al animar a los individuos a honrar sus deseos y confiar en su eventual manifestación, Goddard ofrece un marco espiritual en el que los deseos se consideran sagrados e integrales en el proceso de creación.

De este modo, Goddard replantea los deseos como un aspecto poderoso y divino de la vida, en el que hay que confiar y alimentar. Sus enseñanzas sugieren que cuando las personas se alinean con sus deseos y les permiten desarrollarse sin interferencias, participan en el proceso creativo de la vida, haciendo realidad sus aspiraciones más profundas a través de la fe en la naturaleza divina del propio deseo.

-

LA ANUNCIACIÓN Y LA AUTOIMPRESIÓN

En la sección titulada La Anunciación y la Autoimpresión, Neville Goddard recurre al relato bíblico de la Anunciación para ilustrar el profundo poder de la autoimpregnación de un deseo. Esta interpretación metafórica presenta la Anunciación, en la que el ángel anuncia a María el próximo nacimiento de Jesús, como una lección simbólica sobre cómo los individuos pueden concebir y hacer realidad sus deseos a través del poder de la conciencia.

Goddard enseña que, al igual que María recibió el mensaje divino de su concepción a través de un anuncio externo, los individuos reciben su propia "anunciación" a través de sus deseos más profundos. Estos deseos, cuando se alimentan y afirman adecuadamente dentro de la propia conciencia, actúan como semillas que pueden ser "concebidas" y eventualmente llevadas a la vida. Explica que el proceso de autoimpregnación de un deseo implica una práctica repetitiva y persistente de afirmar y sentir como si el deseo ya se hubiera cumplido. Este acto de afirmar repetidamente el resultado deseado solidifica la creencia en la mente subconsciente, permitiendo al individuo interiorizar la sensación de haber alcanzado ya su objetivo.

Según Goddard, esta interiorización es esencial porque la mente subconsciente opera a partir de las emociones y creencias que se le imprimen. Al sentir y creer continuamente que el deseo ya es una realidad, el individuo "concibe" metafóricamente el deseo dentro de su conciencia. Al igual que la concepción física conduce al nacimiento tras un periodo de gestación, esta concepción mental y emocional, con el tiempo, dará a luz el resultado deseado en el mundo físico.

Goddard subraya la importancia de la fe y la persistencia durante este proceso. Anima a los individuos a mantenerse firmes en su creencia, aunque el deseo aún no se haya manifestado en el mundo exterior. La clave del éxito de la autoimpregnación es mantener un sentimiento de certeza y convicción, confiando en que la concepción interior se traducirá inevitablemente en la realidad exterior. Compara este proceso con un embarazo espiritual o mental, en el que el individuo debe esperar pacientemente el "nacimiento" del deseo mientras sigue alimentándolo con afirmaciones y sentimientos positivos.

En el contexto de la Anunciación, las enseñanzas de Goddard sugieren que los individuos tienen la capacidad de actuar como "receptores" del mensaje divino (el deseo) y como "creadores" de la realidad que le sigue. Al alinear sus pensamientos, emociones y creencias con el cumplimiento de sus deseos, participan en un proceso creativo que refleja el acto divino de la creación. Esta poderosa idea de la autoimpresión capacita a los individuos para tomar el control de su realidad utilizando su conciencia como medio para manifestar sus sueños y aspiraciones más íntimos.

A través de este marco simbólico, Goddard ilustra que el acto de dar a luz un deseo no es un acontecimiento pasivo, sino un proceso activo y consciente. Requiere una alineación emocional constante, la repetición de afirmaciones y el profundo sentimiento de haber alcanzado ya el estado deseado. La Anunciación se convierte en un recordatorio intemporal del poder creativo inherente a la conciencia humana, mostrando que cualquiera puede concebir y manifestar sus deseos mediante el uso enfocado del pensamiento y el sentimiento.

CONCLUSIÓN

Resumen de las enseñanzas clave
- La conciencia es la única realidad: Todo en el mundo exterior es una proyección de nuestros estados internos: nuestras creencias y sentimientos. Cambiando nuestra conciencia, podemos cambiar nuestro mundo.

- La imaginación crea la realidad: Visualizar los resultados deseados y sentir que ya se han conseguido es la clave para manifestarlos.

- Sentir es el secreto: Goddard hace hincapié en el poder de los sentimientos para manifestar los deseos. Hay que sentir como si el deseo ya se hubiera cumplido para que se convierta en realidad.

- Fe y persistencia: Mantener la fe en el proceso e imaginar persistentemente el resultado deseado son cruciales para el éxito.

PLAN DE ACCIÓN PARA LA APLICACIÓN DIARIA

1. Clarificar los deseos: Identifique objetivos o deseos específicos. Pregúntese qué quiere realmente y asegúrese de que estos deseos son claros y están bien definidos. Evite los deseos vagos: sea específico.

2. Visualice con emoción: Dedique tiempo cada día a visualizar el resultado deseado como si ya fuera realidad. Véase a sí mismo en la situación en la que se cumple su deseo. Siente las emociones que sentirías si ya lo hubieras conseguido: alegría, paz, satisfacción.

3. Asuma la sensación del deseo cumplido: Ve más allá de la mera imaginación; siente el estado de tener ya lo que deseas. Esto es fundamental. Por ejemplo, si tu deseo es la abundancia económica, imagina y siente la paz y la libertad que conlleva la seguridad financiera.

4. Practique la atención plena: Sea consciente de sus pensamientos a lo largo del día. Cuando tengas dudas o pensamientos negativos, vuelve a centrarte en la sensación de que tu deseo se está cumpliendo. Recuérdate a ti mismo que tu estado interior crea tu realidad exterior.

5. Afirmaciones y diálogo interno: Utilice afirmaciones positivas en consonancia con sus deseos. Repita afirmaciones como "estoy sano", "soy abundante" o "soy amado", en tiempo presente, reforzando su creencia en el resultado deseado.

6. Vive con fe y gratitud: Cultiva una fe inquebrantable en que lo que deseas ya está en camino. Vive como si esperaras la realización de tus deseos. Practica la gratitud a diario, dando las gracias por tus deseos como si ya se hubieran manifestado.

7. Rutina diaria: Reserva momentos específicos cada día para realizar ejercicios de visualización y sentimiento. Las sesiones matutinas y nocturnas son particularmente poderosas, ya que su mente está más receptiva en esos momentos. Dedica unos minutos a imaginar y sentir el cumplimiento de tus deseos.

GLOSARIO DE CONCEPTOS CLAVE

1. Conciencia
- Definición: La conciencia fundamental del ser. Goddard describe la conciencia como la única realidad, la fuente a partir de la cual se manifiesta todo en la vida.
- En la práctica: Lo que crees y de lo que eres consciente en tu interior determina lo que experimentas en el mundo exterior.

2. Imaginación
- Definición: La facultad creativa dentro de cada individuo que da forma a la realidad. Goddard subraya que la imaginación es la herramienta a través de la cual se materializan los deseos.
- En la práctica: Visualizar tus deseos con vívidos detalles y emoción ayuda a manifestarlos en forma física.

3. Sentimiento
- Definición: La respuesta emocional o sensación que acompaña a un pensamiento o creencia. Goddard llama al sentimiento el "secreto" de la manifestación porque solidifica los pensamientos en la realidad.
- En la práctica: Siente como si tu deseo ya se hubiera cumplido. Cuanto más fuerte y real sea la emoción, más rápida será la manifestación.

4. YO SOY

- Definición: Frase que representa la conciencia de existencia del individuo, o su verdadero yo, que también se equipara a Dios.

- En la práctica: Utiliza "YO SOY" para definir aquello en lo que deseas convertirte. Por ejemplo: "SOY rico", "SOY sano". Tu conciencia de ser algo lo hace real.

5. Ley de la Suposición

- Definición: El principio de que lo que asumes como cierto se convertirá en tu realidad. Es la creencia de que al asumir la sensación de que ya tienes lo que deseas, se manifestará.

- En la práctica: Asume y actúa como si tu deseo ya fuera un hecho. Tus suposiciones dan forma a tus experiencias.

6. Fe

- Definición: Confianza y creencia en la realidad invisible. Es la confianza en que tus deseos se manifestarán aunque aún no veas pruebas.

- En la práctica: Mantente firme en la creencia de que tus deseos se harán realidad, independientemente de las circunstancias externas.

7. Visualización

- Definición: El proceso mental de ver o imaginar en tu mente un resultado deseado.

- En la práctica: Imagínese en la situación en la que se cumple su deseo y comprométase emocionalmente con ella como si ya estuviera sucediendo.

8. Sabbat
  - Definición: Un estado de descanso mental y confianza tras el proceso de imaginar y sentir que tu deseo se ha cumplido.
  - En la práctica: Una vez que hayas visualizado y sentido tu deseo, suéltalo y entra en un estado de calma, sabiendo que se manifestará a su tiempo.

9. La Ley de la Creación
  - Definición: El proceso por el cual los pensamientos y sentimientos se convierten en realidad externa.
  - En la práctica: Esto implica centrarse en un deseo, sentirlo como real y saber que tu conciencia lo traerá a la forma física.

10. Deseo
  - Definición: Un sentimiento o deseo que es una señal de algo que estás destinado a manifestar. Según Goddard, los deseos son mensajes de tu yo más profundo (Dios dentro de ti) que indican lo que eres capaz de lograr.
  - En la práctica: Acepta tus deseos como una guía y actúa en consecuencia mediante la visualización y el sentimiento.

LECTURAS RECOMENDADAS

1. "El poder de la conciencia" de Neville Goddard

- Este libro explora más a fondo la creencia central de Goddard de que la conciencia humana es la clave para crear la realidad. Profundiza en la idea de que ser consciente de que nuestros deseos ya se han cumplido es esencial para manifestarlos.
- Por qué es relevante: Si te identificaste con Libertad para todos, este libro profundiza tu comprensión de cómo la conciencia y las suposiciones dan forma a tu mundo.

2. "La ley y la promesa" de Neville Goddard

- En esta obra, Goddard ofrece historias de la vida real y testimonios que ilustran el poder de la imaginación y la manifestación, dando a los lectores ejemplos prácticos de sus enseñanzas en acción.
- Por qué es relevante: El libro ofrece inspiración y evidencia de que los principios de Goddard funcionan para muchos, ayudando a reforzar su creencia en el poder de la imaginación.

3. "Piense y hágase rico" de Napoleon Hill

- Un libro clásico de autoayuda que se centra en el poder de la fe, el deseo y la perseverancia para alcanzar el éxito financiero. Presenta la idea de que los pensamientos se convierten en cosas, de forma muy similar a las enseñanzas de Goddard.

- Por qué es relevante: Aunque se centra en la creación de riqueza, los principios de mentalidad y creencias de este libro están alineados con las enseñanzas de Goddard sobre la manifestación.

4. "La ciencia de hacerse rico" de Wallace D. Wattles

- Este libro es uno de los textos fundacionales de la Ley de Atracción. Sostiene que al pensar de una determinada manera, los individuos pueden manifestar riqueza y abundancia.
- Por qué es relevante: Las ideas de Wattles sobre el pensamiento, el deseo y la fe son directamente paralelas a los conceptos de Goddard sobre la conciencia que crea la realidad.

5. "El secreto" de Rhonda Byrne

- Este libro, una versión contemporánea de la Ley de Atracción, popularizó la idea de que nuestros pensamientos influyen directamente en nuestra realidad. Presenta una variedad de voces de diferentes disciplinas que se hacen eco del concepto de pensamiento positivo y visualización.
- Por qué es relevante: Ofrece un marco más moderno para comprender los principios de manifestación y proporciona técnicas prácticas para aplicar la Ley de Atracción.

6. "Romper el hábito de ser uno mismo" por el Dr. Joe Dispenza

- Este libro combina neurociencia y espiritualidad, explicando cómo cambiar tus pensamientos puede reconfigurar tu cerebro y crear nuevas realidades en tu vida.

- Por qué es relevante: Dispenza cierra la brecha entre las enseñanzas espirituales de Goddard y la ciencia moderna, ofreciendo una perspectiva contemporánea sobre cómo los pensamientos dan forma a la realidad.

7. "Como un hombre piensa" de James Allen

- Un libro breve pero contundente que se centra en la idea de que los pensamientos moldean el carácter y el destino. Presenta la filosofía de que una persona se convierte en aquello en lo que piensa.

- Por qué es relevante: Su enfoque en el poder del pensamiento y la creencia se alinea perfectamente con las enseñanzas de Goddard sobre la conciencia.

8. "El poder del pensamiento positivo" de Norman Vincent Peale

- Este libro promueve una mentalidad de optimismo y confianza, mostrando cómo la fe y la creencia en resultados positivos conducen al éxito en la vida.

- Por qué es relevante: Aunque se centra más en el desarrollo personal, refuerza la idea de que los pensamientos y creencias de uno influyen en las circunstancias externas, de forma similar a los principios de Goddard.

9. "Los Cuatro Acuerdos" de Don Miguel Ruiz

- Esta guía espiritual se centra en la importancia de las creencias y los acuerdos personales y en cómo estos moldean nuestra realidad. Aboga por la autoconciencia y la disciplina mental, lo que hace eco de las enseñanzas de Goddard sobre la conciencia.

- Por qué es relevante: El trabajo de Ruiz se alinea con las ideas de Goddard sobre cómo los estados internos crean la realidad exterior, ofreciendo consejos prácticos para la transformación personal.

10. "Tú eres el placebo" del Dr. Joe Dispenza

- Este libro analiza cómo la mente y los sistemas de creencias pueden curar el cuerpo y transformar las circunstancias de la vida, con un enfoque científico que resuena con las ideas espirituales de Goddard.

- Por qué es relevante: Dispenza explora cómo el cambio de creencias puede alterar la realidad, conectando la ciencia moderna con las ideas centrales de Goddard sobre la imaginación y la conciencia.

CRONOLOGÍA DE LA VIDA DE NEVILLE GODDARD

1905:
- Neville Lancelot Goddard nació el 19 de febrero en St. Michael, Barbados, en el seno de una familia británica. Es el cuarto hijo de una familia de nueve varones y una niña.

1922:
- A los 17 años, Neville se muda a la ciudad de Nueva York para estudiar teatro. Trabaja como actor y bailarín en el escenario y en películas mudas, actuando en Broadway, en películas mudas y haciendo giras por Europa con una compañía de danza.

1923:
- Neville se casa brevemente con Mildred Mary Hughes. Tienen un hijo, Joseph Goddard, nacido en 1924.

1929:
- Neville marca este año como el inicio de su viaje místico. Recuerda una experiencia espiritual: "Fui llevado en espíritu al Consejo Divino donde los dioses conversan".

1931:
- Después de años de estudiar lo oculto, Neville conoce a su maestro Abdullah, un hombre negro con turbante y

de ascendencia judía. Trabajan juntos durante cinco años en la ciudad de Nueva York.

1938:
- Neville comienza su propia carrera como docente y conferenciante, compartiendo sus conocimientos místicos.

1939:
- Neville publica su primer libro, A Tus Órdenes.

1940-1941:
- Neville conoce a su segunda esposa, Catherine Willa Van Schumus .

1941:
- Neville publica su segundo libro, Tu fe es tu fortuna.

1942:
- Neville se casa con Catherine y tienen una hija, Victoria, más tarde ese mismo año. También publica Libertad para todos: una aplicación práctica de la Biblia.

1942-1943:
- De noviembre a marzo, Neville sirve en el ejército y luego regresa a Greenwich Village, Nueva York. En 1943, aparece un perfil suyo en The New Yorker.

1944:
- Neville publica El sentimiento es el secreto.

1945:

- Neville publica La oración: el arte de creer.

1946:

- Neville conoce al filósofo Israel Regardie , quien lo perfila en El romance de la metafísica. También publica un panfleto, La búsqueda.

1948:

- Neville imparte sus famosas conferencias "Cinco lecciones" en Los Ángeles, que luego se publican póstumamente como libro.

1949:

- Neville publica Fuera de este mundo: Pensar en cuarta dimensión.

1952:

- Neville publica El poder de la conciencia.

1954:

- Neville publica Imaginación Despierta.

1955:

- Neville comienza a presentar programas de radio y televisión en Los Ángeles.

1956:

- Neville publica Semilla y cosecha: Una visión mística de las Escrituras.

1959:
- Neville experimenta un profundo evento místico, describiéndolo como un renacimiento de su propio cráneo, seguido de otras experiencias místicas.

1960:
- Neville lanza un álbum de palabra hablada.

1961:
- Neville publica La ley y la promesa. El capítulo final, "La promesa", detalla la experiencia mística de 1959 y las experiencias posteriores.

1964:
- Neville publica el panfleto Él rompe la cáscara: Una lección en las Escrituras.

1966:
- Neville publica su último libro completo, Resurrección, que describe su visión mística y el potencial de la humanidad para realizar su naturaleza divina.

1972:
- Neville muere el 1 de octubre a los 67 años en West Hollywood, al parecer de un ataque cardíaco. Está enterrado en la parcela familiar en St. Michael, Barbados.

ACERCA DE LOS AUTORES

Neville Goddard

Fue un pensador místico profundo e influyente del siglo XX. Sus enseñanzas se centraban en el concepto radical y empoderador de que la imaginación humana es la verdadera manifestación de Dios. Creía que todo en la vida de una persona, ya sea positivo o negativo, es resultado de sus pensamientos, sentimientos y estados imaginativos.

La infancia de Neville estuvo marcada por su crianza en Barbados, donde nació en 1905 en una familia anglicana. A los 17 años, se mudó a la ciudad de Nueva York en 1922 para dedicarse al teatro. Aunque alcanzó el éxito como actor y bailarín, actuando en Broadway y en películas mudas, su vida dio un giro radical a principios de la década de 1930. Dejó atrás su carrera de actor para sumergirse en el estudio de la metafísica.

Bajo la influencia de su mentor, Abdullah, una misteriosa figura de ascendencia africana y judía, Neville comenzó a explorar principios espirituales profundos que combinaban el cristianismo con el misticismo. Se embarcó en una carrera como escritor y conferenciante, utilizando su carisma e intelecto para dar charlas impactantes en iglesias metafísicas, centros espirituales y lugares públicos. Sus enseñanzas se centraban especialmente en el poder del pensamiento y la imaginación como la fuerza creativa suprema.

A pesar de no alcanzar una fama generalizada durante su vida, la influencia de Neville ha crecido significativamente desde su muerte en 1972. Sus obras, en particular sus libros como Sentir Es El Secreto, El Poder De La Conciencia y La Ley y La Promesa, ahora se consideran precursores de las ideas modernas sobre la mecánica cuántica y el poder de la conciencia para dar forma a la realidad.

Las ideas de Neville también han inspirado a pensadores y autores espirituales contemporáneos, entre ellos Carlos Castaneda y Joseph Murphy, quienes desarrollaron temas similares en sus propias obras. Hoy en día, sus enseñanzas son ampliamente consideradas como atemporales y siguen atrayendo a un público cada vez mayor que busca aprovechar el potencial creativo de la mente.

Imaginatio Divina Editorial

Creemos que el poder de la creación reside en cada uno de nosotros. Inspirados por las profundas enseñanzas de Neville Goddard, promovemos la transformación de la vida a través del poder de la imaginación y la conciencia. Nuestra editorial se dedica a publicar obras que revelan la capacidad innata de los individuos para dar forma a su realidad a través del pensamiento consciente y la fe interior. Cada libro, cada palabra, tiene como objetivo guiar a los lectores hacia el descubrimiento de su naturaleza divina y su poder creativo, en línea con la filosofía de que "la imaginación es Dios en acción".

Milton Keynes UK
Ingram Content Group UK Ltd.
UKHW032039191024
449814UK00011B/639